GUIDO CANTZ

Restaurant CANTZINI

50 REZEPTE MIT HUMOR

LEMPERTZ

Inhaltsverzeichnis

Vorwort

Bei einem Kochbuch denkt man doch bei der Vorsilbe VOR eher an die VOR-Speise als an das VOR-Wort. Aber das Vorwort ist die erste Zutat für ein schmackhaftes Kochbuch. Nach vier Buchtiteln, die sich mit Humor und meinem Leben befasst haben, haltet ihr mein erstes Kochbuch in den Händen. Ich freue mich wie ein Schnitzel! Denn jetzt kann ich endlich einen weiteren Punkt meiner „Bucket List" abhaken: ein eigenes Kochbuch. Um eure Frage direkt zu beantworten: Kann der Cantz kochen? Einfach die Rezepte ausprobieren und dann wisst ihr es! Ich habe in meinen 51 Lebensjahren jedenfalls gemerkt, dass es fast einfacher ist, eine Sauce Hollandaise selber zu machen, als ein Tetra Pak zu öffnen.

Warum Restaurant CANTZINI? Viele Follower und Freunde haben in den letzten Jahren genau diese Frage gestellt. „Gibt's das wirklich?" „Wie sind die Öffnungszeiten?" Und: „Liefert der Guido auch außer Haus?" Begonnen hat alles mit unserer Hochzeit. Unsere Freunde hatten meiner Frau und mir ein „Kochzeits-Buch" geschenkt. Eine super Idee. Jeder Gast hat sein Lieblingsrezept beigesteuert. Unsere Flitterwochen waren nicht nur glücklich, sondern auch sehr lecker. Kochen ist im Laufe meines Lebens eine große Leidenschaft geworden. Früher haben wir vor dem Essen gebetet – heute wird es fotografiert. Den Namen Restaurant CANTZINI habe ich meinem Freund und Trauzeugen Karsten zu verdanken. Er, selbst Koch, Küchenchef und Restaurantbesitzer, hat mir zur Hochzeit eine bestickte Kochjacke geschenkt. Auf der standen mein Name und der Buchtitel. Die Geburtsstunde des Restaurant CANTZINI fand also schon im Jahr 2009 statt.

Beim Kochen geraten manche Leute ins Schwitzen – für mich ist es eher Yoga am Herd. Kochen macht Spaß. Mit Mitte 20 habe ich nachts nach TV-Auftritten noch an der Tankstelle eingekauft und das Pizza-Taxi war auf Kurzwahltaste 1. Heute besorge ich die Zutaten auf dem Markt oder im Supermarkt meiner Wahl und koche oder grille selber. Früher waren teure Alufelgen wichtig, heute braucht der Mann über 50 als Statussymbol einen großen Grill und/oder einen Dampfgarer.

Im Restaurant CANTZINI soll man schmunzeln, anstatt zu schmatzen. Hier zwei Beispiele:

„Wollte heute Essen kochen. Der erste Satz im Rezept: Nehmen Sie einen sauberen Topf. Ich habe dann Pizza bestellt."

Er: „Schatz, wo steht mein Essen?" Sie: „Im Kochbuch – Seite 12!"

Ich wünsche euch viel Freude beim Nachkochen und guten Appetit!

Das Buch widme ich:

Kerstin, Paul und Karsten

Vorspeisen & Dips

Kohlrabi-Carpaccio

2	Kohlrabis, in feinen Scheiben
4 EL	Himbeer- oder Apfelessig
4 EL	Olivenöl
1 TL	Honig oder Agavendicksaft
1 TL	Senf
	Salz, nach Belieben
	Pfeffer, nach Belieben
1 Prise	Chilipulver
50 g	Pinien- oder Walnusskerne
50 g	Parmesan, gerieben
	Kresse zum Garnieren

Utensilien: 1 Käsehobel oder Gemüsehobel, optional

Kohlrabi-Carpaccio ... ach du lieber Gott! Was soll das denn?
Also, wenn du Bock auf Carpaccio hast, dann hat dieses Gericht nur auf dich gewartet.

Zuerst kümmerst du dich um die Kohlrabis: Schälen und in gaaanz feine Scheiben schneiden, am besten mit dem Käse- oder Gemüsehobel. Sie sind perfekt, wenn du fast durch den Kohlrabi durchschauen kannst. Diese zarten Scheiben legst du jetzt auf Teller aus, schön wie Blütenblätter verteilt.

....

Ran ans Dressing: Dazu verquirlst du den Essig mit dem Öl, dem Honig oder Agavendicksaft und dem Senf und schmeckst das Ganze ordentlich mit Salz, Pfeffer und der Prise Chili ab. Jetzt kannst du das Dressing schon über die Kohlrabiblättchen verteilen.

....

Und damit das Ganze noch mehr Biss bekommt: Die Pinien- oder Walnusskerne ohne Fett in die Pfanne werfen und rösten, bis sie schön braun sind. Damit bestreust du dann das Carpaccio, genauso wie mit dem geriebenen Parmesan und der Kresse.

Guidos Tipps

Schmeckt auch super, wenn du würzigen spanischen Serrano-Schinken oder italienischen rohen Schinken, z.B. Parmaschinken, in hauch-dünne Scheiben schneidest und sie über das Carpaccio verteilst.

A little bit of Kurkuma: Wer es exotisch mag, fügt zum Dressing noch ½ TL Kurkuma hinzu.

Beefsteak-Avocado-Tatar

Dauert:
15 Minuten

Reicht für:
4 Portionen

300 g	Beefsteak, in kleinen Stücken
	Salz, nach Belieben
	Pfeffer, nach Belieben
	Paprikapulver, nach Belieben
	Chilipulver, nach Belieben
1 EL	Sonnenblumenöl
4 TL	Worcestersauce
1	rote Chilischote, fein gehackt
1	rote Zwiebel, gewürfelt
1	Avocado, entkernt
2 El.	Zitronensaft
30 g	Granatapfelkerne oder Cranberries, getrocknet + extra zum Garnieren
	Basilikumblätter, frisch, zum Garnieren, optional
	Parmesan, gerieben, optional, s. Tipp

Utensilien: 1 Stabmixer, 1 kleiner Servierring

Guidos Tipp

Nimm dir ein Backblech, leg Backpapier drauf. Dann reibst du mehrere kleine Häufchen Parmesan nebeneinander auf das Blech. Backofen auf 180 °C Umluft vorheizen und für 8–10 Minuten rein damit. Schön auskühlen lassen und in das Tatar stecken.

Beefsteaktatar? Das ist das mit dem Ei-Auge obendrauf, oder? Neeein, das geht auch mal anders: fruchtiger, würziger, schärfer!

Als Erstes wäschst du das Beefsteak kurz ab und tupfst es trocken. Dann schneidest du es in kleine Stücke. Pack die Stücke in eine Schüssel, würz sie ganz nach deinem Gusto mit Salz, Pfeffer, Paprika- und Chilipulver und vermeng sie ordentlich mit dem Öl und 2 TL von der Worcestersauce. Schon mal schön scharf, was?

....

Und jetzt wird's noch schärfer: Bevor du die Chilischote aufschlitzt, ziehst du am besten Handschuhe an. Kratz die Kerne raus und schneid die Schote dann klein. Die Zwiebel schälst und würfelst du.

....

Nun machst du dich an die Avocado: Schäl sie, puhl den Kern raus und schneid die eine Hälfte in Würfel. Die andere Hälfte pürierst du mit dem Stabmixer. Dann packst du das Avocadopüree mit der gehackten Chilischote, den Zwiebelstückchen, dem Zitronensaft und der restlichen Worcestersauce in eine Schüssel, würzt die Mischung mit Salz und Pfeffer und vermengst alles.

....

Zieh die Avocadowürfel und die Granatapfelkerne oder Cranberries unter das Avocadopüree. Nicht zu wild rühren!

....

Jetzt geht's ans Formen: Schnapp dir einen kleinen Servierring und füll ihn auf einem Teller zur Hälfte mit dem Beefsteak-Mix, darauf kommt die Avocado-Mischung. Drück das Tatar schön fest und lös dann den Ring. Genauso machst du's mit allen Portionen.

Und damit's richtig hübsch wird, garnierst du das Tatar noch mit ein paar Granatapfelkernen bzw. Cranberries und Basilikumblättchen. Das optische Highlight ist der selbstgemachte Parmesanchip. (s. Tipp)

Lachstatar mit Avocado

450 g	Lachsfilet, ohne Haut, Sashimi-Qualität, gewürfelt
1	Zwiebel, gewürfelt oder 1 Bund Frühlingszwiebeln, gehackt
20 g	Kapern, klein geschnitten
2 EL	Sonnenblumenöl
2 EL	Kräuteressig
1 EL	Zitronensaft
	Salz, nach Belieben
	Pfeffer, nach Belieben
	Paprikapulver, nach Belieben
2	Avocados, entkernt, gewürfelt
1 EL	Limettensaft

Utensilien: 1 kleiner Servierring

Dauert:
15 Minuten
Reicht für:
4 Portionen

Guidos Tipps

Als kleiner Leckerbissen on top: Selbstgemachte Parmesanchips. (Wie du sie machst, erfährst du beim Beefsteak-Tatar von Seite 13.)

Wer es noch frischer will: Einen schönen Salat dazutun, zum Beispiel Lollo Bianco oder Rucola!

**Suchst du nach einer Vorspeise, die deine Gäste beeindruckt?
Dann hab ich 'ne Idee für dich.**

Egal, was du für ein Sternzeichen bist, du startest mit dem Fisch.
Wasch das Lachsfilet kurz ab und tupf es trocken.
Dann kannst du es flott in winzig kleine Würfel schneiden und in eine Schüssel packen.
....
Jetzt schälst und würfelst du die Zwiebel bzw. putzt die Frühlingszwiebeln und schneidest sie klein.
Die Zwiebelwürfel oder Frühlingszwiebelstücke wirfst du zum Lachs.
Die Kapern schneidest du klein und packst sie darauf.
....
In einer kleinen Schüssel verquirlst du noch schnell das Öl, den Essig und den Zitronensaft zu einer Vinaigrette und würzt sie nach deinem Gusto mit Salz, Pfeffer und Paprikapulver.
Dann verteilst du die Vinaigrette über das Lachstatar und vermengst alles.
....
Und nun kommen wir zu einem Lieblings-Superfood, der Avocado. Schäl die grünen Früchtchen und hol den Kern raus, dann kannst du das Avocadofleisch in kleine Würfel schneiden.
....
Die Avocadowürfel salzt und pfefferst du ordentlich und mischst sie mit dem Limettensaft.
....
Jetzt ist die Zeit zum Schönmachen: Du verteilst die Avocadomischung auf einem Teller in einem kleinen Servierring. Darauf kommt jetzt das Lachstatar, und dann wird das Ganze schön festgedrückt.
Den Servierring lösen – fertig! Das Gleiche machst du mit allen Portionen.

Dattel-Frischkäse-Dip

Dauert:
5 Minuten
Reicht für:
6 Portionen

200 g	getrocknete Datteln, entkernt, kleingeschnitten
1	Knoblauchzehe, fein gehackt
200 g	Schmand
200 g	Frischkäse
1 TL	Harissa-Paste
½ TL	Salz
½ TL	Kurkuma
	Pfeffer, nach Belieben

Utensilien: 1 Stabmixer

„Die Karawane zieht weiter ..." Und diesmal hat der Sultan keinen Durst, sondern Hunger.
Da kommt der Dattel-Dip gerade recht.

Zuerst schnappst du dir die Datteln und schneidest sie klein.
Die Stückchen packst du in ein hohes Gefäß.
....
Schäl nun den Knoblauch und hack ihn fein. Wirf ihn zu den Datteln.
....
Und schon kannst du auch alle anderen Zutaten dazugeben.
Wirf den Stabmixer an und pürier den Dip schön cremig.
....
Zum Schluss: Unbedingt abschmecken und bei Bedarf nachwürzen.
Der Dattel-Frischkäse-Dip ist der Knaller bei jeder Grillparty, beim Raclette oder Fondue.

Guidos Tipp

Auch lecker:
Extra-Datteln mit
dem Dip füllen, mit
Speck umhüllen und
anbraten.

Guacamole

Dauert:
10 Minuten

Reicht für:
6 Portionen

2	Avocados, entkernt
2	Tomaten, geschält, gewürfelt
1	Knoblauchzehe, gepresst
4 EL	Limettensaft
	Salz, nach Belieben
	Pfeffer, nach Belieben
	Koriander, frisch, gehackt, nach Belieben
	Chilipulver, nach Belieben

Utensilien: 1 Knoblauchpresse, 1 Stabmixer, optional

Guidos Tipp

Um den Avocadokern zu entfernen, kannst du auch dein Messer in den Kern hauen und im Uhrzeigersinn drehen. Aber Vorsicht! Nicht abrutschen ... Danach die Avocado-Hälfte im Schachbrettmuster einritzen, dann ist das Fruchtfleisch leichter mit dem Löffel rauszuholen.

„Hossa! Hossa! Fiesta, Fiesta Mexicana, heut ...“ –
kennst du noch? Egal, was zählt, ist das Mexiko-Feeling.
Und das bringt Guacamole immer!

Schnapp dir die Avocados (ja, die gab es schon, bevor die Hipster sie entdeckt haben). Schneid sie einmal durch und nimm dann mit einem Esslöffel den Kern raus. Hol dir das Fruchtfleisch mit einem Löffel aus der Schale. Jetzt einfach mit der Gabel in einer Schüssel zu Avocadomatsch, ähm, -püree zerquetschen.

....

Jetzt schälst du die Tomaten. Am einfachsten geht das, wenn du sie vorher kurz in richtig heißes Wasser gelegt hast. Schneid den Strunk in der Mitte raus, dann würfelst du sie fein und packst sie zu dem Avocadopüree. (Psst ... Wenn es *cantz* schnell gehen soll, dann gehen zur Not auch geschälte Tomaten aus der Dose.)

....

Den Knoblauch presst du mit der Knoblauchpresse und gibst ihn zusammen mit dem Limettensaft ebenfalls in die Schüssel. Du kannst alles schon mal gut verrühren.

....

Zum Schluss würzt du nach Herzenslust mit Salz, Pfeffer, Koriander und Chili – unsere Fiesta Mexicana braucht schließlich Feuer. Verrühr die Guacamole gut, wenn du sie cremiger magst: Einfach mit dem Stabmixer pürieren. Und jetzt her mit den Tacos und ran an die Guacamole!

Suppen

Maronensuppe

Dauert:
35 Minuten
Reicht für:
4 Portionen

1	Zwiebel, gewürfelt
50 g	Butter
450 g	Maronen, vakuumverpackt
750 ml	Geflügelbrühe
250 ml	Sahne
100 ml	Milch
	Salz, nach Belieben
	Pfeffer, nach Belieben
	Muskat, nach Belieben
	Thymian, nach Belieben
	Crème fraîche zum Garnieren

Utensilien: 1 Stabmixer

Hhhm, heiße Maronen! Da denkt man direkt an Weihnachtsmarkt, was?
Muss aber nicht – diese Suppe schmeckt auch außerhalb der „Last Christmas"-Saison ...
Spekulatius und „Last Christmas" tauchen ja schließlich auch schon gefühlt im September auf.

Als Erstes schälst du die Zwiebel und schneidest sie in Würfel. Schnapp dir einen Topf, pack die Butter rein und lass sie schmelzen. Dann die Zwiebelwürfel reinwerfen und glasig dünsten.
....
Jetzt geht's an die Maronen: Pack sie in den Topf und lass sie mit anbraten. Hmm, riecht schon gut, ne?
....
Gieß die Geflügelbrühe dazu. Jetzt kann das Süppchen erstmal 20 Minuten vor sich hin köcheln.
Dann: Lässig die Sahne und die Milch reinquirlen und noch für ein paar Minuten ziehen lassen.
....
Zum Schluss mit dem Stabmixer smooth und cremig pürieren. Ganz nach deinem Gusto abschmecken mit Salz, Pfeffer, Muskat und Thymian.
....
Nun kannst du die Suppe auf Schüsseln verteilen und als Tüpfelchen auf dem i noch einen Löffel Crème fraîche auf jede Portion geben und sie, wenn du magst, ein wenig mit den Gewürzen bestäuben. Guten Appetit!

Blumenkohl-Käse-Suppe

800 ml	Gemüsebrühe
1	Blumenkohl, in Röschen
50 g	Butter
50 g	Mehl
100 g	Sahne
75 g	Käse, z.B. Gouda, gerieben
	+ 1 Handvoll zum Bestreuen
2	Eigelb, Größe M
	Salz, nach Belieben
	Pfeffer, nach Belieben
	Paprikapulver, nach Belieben

Utensilien: 1 Stabmixer

Dauert:
30 Minuten
Reicht für:
4 Portionen

Guidos Tipp

Beim Käse kannst du dich austoben: Es schmecken auch andere Sorten! Mein Favorit ist Gorgonzola.

Als Kind dachte ich, dieses weiße Gemüse wäre der Geist von verstorbenem Brokkoli. Heute weiß ich: Blumenkohl kann mehr als in Gemüsealpträumen herumzugeistern.

Als Erstes: Topf auf den Herd, Gemüsebrühe rein, aufkochen lassen. Schnapp dir den Blumenkohl und wasch ihn ab. Werd den Strunk los und zerpflück den Blumenkohl in Röschen. Wirf sie mit in den Topf. Lass sie für etwa 7 Minuten köcheln. Dann gießt du den gekochten Kohl ab und fängst dabei die Röschen in einem Sieb und die Brühe in einem Topf oder einer Schüssel auf.

··

Als Nächstes: Wirf die Butter in einen Topf, lass sie schmelzen und bestäub sie dann mit dem Mehl. Sofort gut verrühren, damit es nicht zu klumpig wird. Gieß nun die Brühe nach und nach dazu, dabei immer mit dem Schneebesen weiterrühren. Dann lässt du die Suppe nochmal für ein paar Minuten köcheln, bis sie schön angedickt ist, ganz so, wie du es magst.

··

In einer kleinen Schüssel verquirlst du nun noch schnell Sahne, geriebenen Käse und Ei. Die Mischung kippst du in deine Suppe und verrührst sie noch mal gut. Zum Schluss rührst du den Blumenkohl unter. Behalt noch ein paar Röschen für die Deko zurück.

··

Schnapp dir den Stabmixer und pürier die Suppe fein cremig.

··

Zeit für's Würzen: Gib Salz, Pfeffer und Paprikapulver dazu und probier, ob die Suppe noch mehr Kick braucht. Im Zweifel einfach nachwürzen. Bestreu die Suppe mit ein paar Blumenkohlröschen und geriebenem Käse und servier sie! Fertig – und kein bisschen geisterhaft!

Cantz' Erbsensuppe

Dauert:
90 Minuten
+ 1 Nacht Einweichzeit

Reicht für:
4 Portionen

400 g	gelbe Erbsen, getrocknet
2 l	Wasser
1	Zwiebel, gewürfelt
100 g	Knollensellerie, geschält, gewürfelt
2	Möhren, geschält, gewürfelt
150 g	Speckwürfel
1 EL	Öl
1 EL	Gemüsebrühpulver
350 g	Kartoffeln, mehligkochend, geschält, gewürfelt
	Salz, nach Belieben
	Pfeffer, nach Belieben
	Wiener Würstchen, optional

Guidos Tipp

Auch lecker statt Würstchen: Extra Speckwürfel in der Pfanne anbraten und auf die Suppenschüsseln verteilen.

Kölscher geht's ja wohl nicht! Wir wissen schließlich aus dem „Spanien Leed" der Bläck Fööss, egal, wo der Kölner ist: „Ähzezupp met Hämmche jitt et eimol en d'r Woch!" Kleiner Kölsch-Exkurs des blonden Hobbykochs: „Ähzezupp" nennt man in Köln eine Erbsensuppe, „Hämmche" ist die kölsche Bezeichnung für Eisbein und „Bläck Fööss" steht für nackte Füße und die berühmteste Kölner Musikgruppe.

Und damit das mit der Erbsensuppe morgen klappt, starten wir heute schon: Die getrockneten Erbsen einmal waschen und dann eine Nacht lang ins Wasser legen, so werden sie schön weich.

....

Am nächsten Tag: Die Zwiebel, den Sellerie und die Möhren schälen und würfeln. Dann ran an den Speck: Die Speckwürfel mit dem Öl in einen Suppentopf packen, erhitzen und auslassen. In den Specksud kommen anschließend die Gemüsestücke und dürfen ein paar Minuten mit anbraten.

....

Jetzt unsere Hauptakteure: die Erbsen! Die kommen mitsamt Erbsenwasser und Gemüsebrühpulver in den Suppentopf. Lass die Ähzezupp erstmal kochen, etwa für 45 Minuten. In der Zwischenzeit kannst du die Kartoffeln schälen und in Würfel schneiden.

....

Wenn die Kochzeit rum ist, wirf die Kartoffelwürfel in den Topf und lass die Suppe noch mal für 30 Minuten kochen. Dann noch mit Salz und Pfeffer würzen.

....

Wer's extra fleischig mag, wirft jetzt noch die Würstchen für ein paar Minuten zum Aufwärmen in einen separaten Topf mit heißem, nicht kochendem Wasser. Dann noch auf Schüsseln verteilen und ran an die Ähzezupp!

Möhren-Ingwer-Suppe

Dauert:
40 Minuten

Reicht für:
4 Portionen

7	Möhren, geschält, in Stücken
4	Schalotten, gewürfelt
1	Knoblauchzehe, fein gehackt
25 g	Ingwer, geschält, gehackt
50 g	Butter
1 EL	Zucker
500 ml	Gemüsebrühe
80 ml	Orangensaft
100 ml	Sahne oder Kokosmilch
	Salz, nach Belieben
	Pfeffer, nach Belieben

Utensilien: 1 Stabmixer

**Fliegen zwei Möhren durch die Luft. Sagt die eine:
„Vorsicht, da kommt ein Hubschrapp-schrapp-schrapp ..."
Okay, nicht ganz neu ... Deshalb übernehmen wir heute den
„Schrapp-Schrapp"-Part direkt mal selbst:**

Zuerst schnappst du dir die Möhren, schälst sie und schneidest sie in kleine Stücke.
Dann schälst du Schalotten und Knoblauch, würfelst die Schalotten und hackst den Knoblauch.
Auch die Schale vom Ingwer loswerden und die Knolle hacken.
....

Jetzt wirfst du die Butter in den Topf und lässt sie schmelzen. Gib Schalottenwürfel sowie
gehackten Knoblauch und Ingwer dazu und lass alles anschwitzen. Dann zum Karamellisieren den
Zucker unterrühren. Die Möhrenstücke wirfst du nun auch noch dazu und verrührst alles gut.
....

Gieß die Gemüsebrühe und den Orangensaft dazu und verrühr alles noch mal.
Nun die Suppe einmal aufkochen und dann 30 Minuten vor sich hin kochen lassen.
....

Zum Schluss gießt du noch die Sahne oder die Kokosmilch dazu und würzt ganz nach deinem
Geschmack mit Salz und Pfeffer. Noch einmal verrühren, dann kannst du die Suppe mit dem Stabmixer
pürieren, bis sie schön cremig ist. Hhhhm – garantiert vieeeeel frischer und würziger als der Möhrenwitz!

Cantz' Kürbissuppe

Dauert:
40 Minuten

Reicht für:
4 Portionen

1 kg	Hokkaido-Kürbis, entkernt, gewürfelt
1	Zwiebel, gewürfelt
3	Möhren, geschält, gewürfelt
2	Kartoffeln, mehligkochend, geschält, gewürfelt
1 EL	Öl
1,2 l	Gemüsebrühe
	Salz, nach Belieben
	Pfeffer, nach Belieben
	Ingwerpulver, nach Belieben
100 ml	Sahne
	Kürbiskernöl zum Servieren

Utensilien: 1 Stabmixer

Guidos Tipps

Wer die Suppe für ein Angeberabendessen noch „pimpen" möchte, röstet ein paar Kürbiskerne in einer unbeschichteten Pfanne und streut diese noch lässig über das Süppchen. Und als Highlight ein wenig Balsamico-Creme on top!

„Süßes oder Saures?": 30 g Zucker in einer Pfanne karamellisieren, Ananasstückchen dazugeben und verrühren. Mit Orangensaft ablöschen und Chiliflocken darüberstreuen. Als Topping gibt das der Suppe einen besonderen Kick!

Kürbis – das ist doch das große orangene Ding, das man zu Halloween aushöhlt! Ja, und aus den Kürbisinnereien kann man auch noch eine super Suppe zaubern. Kleine Anmerkung des Autors und Kochs: Halloween ist Englisch und heißt übersetzt: HALLO, ÖSTERREICH.

Als Erstes, ganz klassisch: Halbier den Kürbis und kratz die Kerne und Fäden raus. Dann den ganzen Rest (ja, mit Schale) in Würfel schneiden. Und wir bleiben beim Glücksspiel und würfeln gleich weiter: die Zwiebel, die Möhren und die Kartoffeln. Vorher schälen!

....

Jetzt gießt du das Öl in einen Topf und lässt es heiß werden. Wirf sämtliche Gemüsewürfel rein und brat sie an, bis sie schön angebräunt sind. Dann gießt du die Brühe drauf und kochst die Suppe auf. Lass sie eine entspannte halbe Stunde bei niedriger Hitze köcheln.

....

Damit du eine schön cremige Suppe kriegst, jetzt noch den Stabmixer rausholen und alles fein pürieren. Zum Schluss nach deinem Geschmack mit Salz, Pfeffer und Ingwerpulver würzen, die Sahne dazugeben und ein letztes Mal verrühren.

....

Zeit zum Servieren: Verteil die Suppe auf Schüsseln und löffle ein wenig Kürbiskernöl darüber.

Hühnersuppe

Dauert:
40 Minuten

Reicht für:
4 Portionen

Guidos Tipp

Bei angehender Erkältung gibt es nichts Besseres. Den Ratschlag habe ich vom Bergdoktor.

3	Möhren, geschält, gewürfelt
250 g	Knollensellerie, geschält, gewürfelt
1 Stange	Lauch, in Ringen
500 g	Hühnerbrustfilet, gewürfelt
1 EL	Öl
1 l	Hühnerbrühe
3	Pimentkörner
1	Lorbeerblatt
	Salz, nach Belieben
	Pfeffer, nach Belieben
	Oregano, nach Belieben
½ TL	Muskat
100 g	Erbsen, tiefgekühlt
150 g	Suppennudeln, am besten Muschelnudeln
1 Bund	Petersilie, frisch, gehackt

*„Sind die Hühner flach wie'n Teller, war der Traktor wieder schneller" –
ja, FLACHwitz ... Der einzige Teller, den wir im Zusammenhang mit Hühnern haben wollen,
ist ein Teller mit dieser leckeren Hühnersuppe.*

Zuerst kurz Möhren und Sellerie schälen und würfeln. Dann den Lauch putzen und in Ringe schnibbeln.
Jetzt geht es ans Hühnchen: Das Fleisch waschen, ein bisschen trocken tupfen und ebenfalls würfeln.

....

Nun wird's heiß: Erhitz das Öl direkt in einem Suppentopf, wirf das gewürfelte und in Ringe geschnibbelte Gemüse
rein und lass es anschwitzen. Dann gießt du die Brühe dazu und lässt alles in Ruhe kochen, bis es blubbert.

....

Damit's schön würzig wird, wirfst du nun Piment und Lorbeer dazu.
Jetzt kommt noch das Hühnchenfleisch rein. Lass alles 20 Minuten kochen.

....

Noch nicht würzig genug? Da hilfst du mit Salz, Pfeffer, Oregano und ein bisschen Muskat nach.
Und damit es auch richtig gesund ist, noch mehr Gemüse: Kipp die Erbsen und die Suppennudeln dazu,
rühr ordentlich um und und lass alles nochmal für ein paar Minuten köcheln,
bis die Erbsen und Nudeln weich, aber nicht matschig sind.

....

Hol die Pimentkörner und den Lorbeer wieder aus der Suppe. Gib ihr mit der gehackten Petersilie
noch einen Frischekick und würz nach, ganz wie du es magst. Zeit zum Loslöffeln!

Brokkolisuppe

Dauert:
30 Minuten
Reicht für:
3–4 Portionen

600 g	Brokkoli, in Röschen
1	Zwiebel, gewürfelt
2 EL	Öl
750 ml	Hühner- oder Gemüsebrühe
100 g	Sahne
150 g	Cheddar, gerieben + 1 Handvoll zum Drüberstreuen
	Salz, nach Belieben
	Pfeffer, nach Belieben

Utensilien: 1 Stabmixer

Guidos Tipp

Solltest du bei
„Wer wird Millionär?"
sitzen und du bekommst folgende
Frage: „Wie heißt einer der Produzenten
von James Bond?", dann denk einfach
an meine Suppe! Eselsbrücke:
Frage cantz leicht, leicht wie die
Brokkolisuppe von Cantz.
Antwort:
ALBERT R. BROCCOLI
[1962 – 1989].

Du stehst total auf Natur?
Gute Nachricht, mit Brokkoli kommen die
Bäumchen sogar auf deinen Teller!

Schnapp dir den Brokkoli und wasch ihn ab.
Werd den Strunk los und zerpflück den Brokkoli dann in Röschen.
....

Jetzt wird's hoffentlich nicht zu tränenreich: Schäle und würfle die Zwiebel.
Danach gießt du das Öl in den Topf, lässt es heiß werden und wirfst mit Schwung
die Zwiebelwürfel rein – Mmh! Ich weiß nicht, wie es dir geht,
aber bei dem Duft läuft mir immer schon das Wasser im Mund zusammen.
....

Wenn die Zwiebeln einen schönen Goldstich bekommen haben,
wie beim Sonnenbad, die Brühe darüber gießen und die Brokkoliröschen reinwerfen.
Den Brokkoli schön darin schwimmen und für 10–12 Minuten köcheln lassen.
....

Nun noch den Stabmixer rausholen, denn wir wollen's ja cremig, und den Brokkoli pürieren.
Und damit die Suppe auch richtig cremig wird, noch die Sahne und den Käse einrühren.
Zum Schluss ganz nach deinem Geschmack salzen und pfeffern und noch eine
Handvoll Käse über jeden Suppenteller streuen – fertig!

Hauptgerichte mit Fisch und Fleisch

Rinderfilet mit Senfkruste

1,5 kg	Rinderfilet, in Scheiben
	Meersalz, nach Belieben
	Steakpfeffer, nach Belieben
2 EL	Öl
5	Schalotten, gewürfelt
1	Knoblauchzehe, fein gehackt
2 EL	Butterschmalz
3 Scheiben	Toastbrot, entrindet, in Krümeln
2	Eigelb, Größe M
60 g	Senf
	Salz, nach Belieben
1 Spritzer	Tabascosauce
	Paprikapulver, nach Belieben

Dauert:
35 Minuten
Reicht für:
6 Portionen

Eine der beliebtesten Fragen, die mir in Interviews immer gestellt wird, ist: „Was haben Sie immer in Ihrem Kühlschrank?" Meine Antwortet lautet: „Senf!" In unterschiedlichen Ausführungen, versteht sich … Wenn du aber denkst, Senf eignet sich nur für Würstchen, dann liegst du sowas von falsch! Hier kommt deine Gelegenheit, selbst mal Sternekoch zu sein.

Als Erstes setzt du dir deine (echte oder imaginäre) Kochmütze auf und heizt den Backofen auf 160 °C Ober-/Unterhitze vor.

....

Schnapp dir dein schönes Rinderfilet, wasch es kurz und tupf es trocken. Dann vorsichtig Fett, Häutchen und Sehnen abschneiden. Aber vorsichtig, nicht wild auf das Fleisch einstechen. Das Filet schneidest du gekonnt in schöne Scheiben, etwa 3 cm dick.

....

Nun würzt du das Fleisch nach deinem Gusto von beiden Seiten mit Meersalz und Steakpfeffer. Pack eine Pfanne auf den Herd, mach das Öl darin heiß und wirf die Filets rein. Als Küchenchef weißt du natürlich, dass du sie nur kurz von beiden Seiten schön scharf anbraten musst, dann parkst du sie erstmal auf einem Teller.

....

Jetzt geht's an die feine Würze! Dafür schälst du die Schalotten und den Knoblauch und würfelst bzw. hackst sie fein. Dann lässt du das Butterschmalz in der Pfanne schmelzen und brätst Schalotten- und Knoblauchstücke darin an, bis sie glasig sind.

....

Die lästige Kruste entfernst du vom Toastbrot – gib's zu, die mochtest du nie – und zerkrümelst das Brot. Nun trennst du zwei Eier, wirfst die Eigelbe mit den Brotkrumen, dem Senf und den angedünsteten Schalotten- und Knoblauchstücken in eine Schüssel und verrührst alles gut. Die Mischung ganz nach deinem Geschmack mit normalem Salz, Pfeffer, Tabascosauce und Paprikapulver abschmecken und alles noch mal gut verrühren. Mmmh, schön scharf!

....

Die scharfe Mischung streichst du jetzt auf deine Rinderfilets und packst sie anschließend zum Knusprigwerden für 5–10 Minuten auf einem mit Backpapier belegten Backblech in den Ofen, bis die Kruste schön fest und leicht gebräunt ist. Zeit zum Servieren, Chef!

Chili con Carne

Dauert:
45 Minuten

Reicht für:
4 Portionen

2	Chilischoten, mittelscharf, entkernt, in Streifen
3	Paprikaschoten, gewürfelt
2	rote Zwiebeln, gewürfelt
1	Knoblauchzehe, fein gehackt
2 EL	Rapsöl
750 g	Rinderhack
2 EL	Tomatenmark
1 TL	brauner Zucker
400 ml	Rinderfond

500 g	Tomaten, passiert
400 g	Tomaten, stückig
	Salz, nach Belieben
	Pfeffer, nach Belieben
	Paprikapulver, nach Belieben
1 Dose	Kidneybohnen à 480 g, abgetropft
1 Dose	Mais à 140 g
	Chiliflocken, nach Belieben
	Tabascosauce, nach Belieben
	Crème fraîche, nach Belieben

Zeit, beim Chili-Cook-Off anzutreten?
Mit diesem Rezept gewinnst du auch gegen den härtesten Texaner!

Und es geht direkt schon richtig scharf los, so scharf, dass du dir am besten Handschuhe anziehst: Wasch die Chilischoten, schneid sie der Länge nach auf und kratz die Kerne raus. Dann schön in feine Streifen schnibbeln und kurz parken. So, jetzt kannst du die Schutzausrüstung ausziehen.

....

Den Stiel der Paprikas wirst du los, dann kratzt du die Körner aus den Schoten, würfelst sie und parkst sie ebenfalls.

....

Die Zwiebeln und den Knoblauch schälst und würfelst bzw. hackst du.

....

Pack einen großen Topf auf den Herd, wirf das Öl rein und lass es heiß werden. Dann brutzelst du darin die Zwiebelwürfel und Knoblauchstückchen, bis sie glasig sind.

....

Jetzt wirfst du das Hackfleisch dazu und brätst alles, bis das Fleisch schön gebräunt ist. Dann packst du die Chilistreifen und die Paprikawürfel dazu und rührst alles gut um.

....

Auch das Tomatenmark und der braune Zucker dürfen jetzt ein bisschen mitbraten. Schön umrühren, dann verteilt sich diese karamellige Zuckernote besser. Dann gießt du den Rinderfond dazu und rührst die passierten und die stückigen Tomaten ein. Alles schon mal ganz nach Gusto mit Salz, Pfeffer und Paprikapulver würzen, dann darf die Mischung 30 Minuten vor sich hin köcheln.

....

Wenn noch 5 Minuten auf deinem Timer bleiben, ist es Zeit, auch Bohnen und Mais in den Topf springen zu lassen. Lass sie nur vorher im Sieb abtropfen.

....

Und dann kannst du dich mit Chiliflocken, Tabascosauce und allen anderen Gewürzen noch mal so richtig austoben. Probier mal! Na, röchelst du schon und greifst zum Gartenschlauch? Falls das Chili etwas entschärft werden muss, hilft Crème fraîche – einfach so viel einrühren, bis du wieder atmen kannst.

Roastbeef im Kräutermantel

Dauert:
60 Minuten

Reicht für:
4 Portionen

750 g	Roastbeef
	Salz & Pfeffer, nach Belieben
2–3 EL	Sonnenblumenöl

Für die Kruste:

1	Knoblauchzehe, fein gehackt
1 Bund	Thymian, frisch, gehackt
1 Bund	Majoran, frisch, gehackt
½ Bund	Basilikum, frisch, gehackt
2–3 EL	Olivenöl
20 g	Mandeln, gemahlen
100 g	Paniermehl
4 EL	Senf

Nun werden wir mal very British! Also hol deinen Butler und lass ihn schon mal den Plum Pudding vorbereiten, dieses Rezept ist so gut, dass es auch die Royals nicht ablehnen.

Als Erstes heizt du den Ofen auf 160°C Umluft vor. Dann wäschst du das Roastbeef kurz ab, tupfst es trocken und wirst überschüssiges Fett und Sehnen mit einem scharfen Messer los. Reib das Fleisch rundherum mit Salz und Pfeffer ein.

....

Jetzt packst du das Öl in eine Pfanne und lässt es heiß werden. Schnapp dir das Roastbeef und brutzle es rundherum schön darin an, bis es goldbraun ist.

....

Oven time! Pack das Roastbeef auf ein mit Backpapier belegtes Blech in den Ofen und lass es ca. 25 Minuten garen. Zeit genug, eine schöne Tasse Tee oder einen Gin zu trinken.

....

Während du wartest, kannst du dich auch schon mal dem Kräutermantel widmen. Dafür schälst du den Knoblauch und hackst ihn fein. Die frischen Kräuter wäschst du kurz, schüttelst sie trocken und hackst sie ebenfalls. Dann packst du das Olivenöl in die Pfanne und lässt es heiß werden. Wirf Knoblauch, Kräuter, gemahlene Mandeln, Paniermehl und Senf in die Pfanne und vermisch alles gut. Wenn die Mischung noch zu trocken ist, einfach etwas mehr Olivenöl einrühren. Dann die Pfanne von der Herdplatte ziehen.

....

Hol das Roastbeef nach den 25 Minuten kurz aus dem Ofen und bestreich es mit der Kräuter-Mischung. Dann darf es wieder in den Ofen und noch mal 15 Minuten fertig garen.
Ob es schön gar ist, kriegst du am besten raus, indem du mit dem Bratenthermometer bei deinem Roastbeef Fieber misst – wenn die Kerntemperatur bei 65°C liegt, darf es raus. Delicious!

Indischer Curry-Seelachs-Auflauf

Dauert:
50 Minuten
+ 30 Minuten Ruhezeit
Reicht für:
4 Portionen

4 EL	Limettensaft
1	Knoblauchzehe, gepresst
2 EL	Currypulver + extra für die Sauce
	Muskatnuss, nach Belieben
	Salz, nach Belieben
	Pfeffer, nach Belieben
800 g	Seelachs- oder Kabeljaufilet
1	Blumenkohl, in Röschen
	Öl für die Form
200 g	Schmand
100 ml	Kokosmilch
2	Eier, Größe M
200 g	Reibekäse

Utensilien: 1 Knoblauchpresse, 1 Auflaufform

An der Nordseeküste (bitte dreimal klatschen), am plattdeutschen Strand, sind die Fische im Wasser, aber hier ausnahmsweise an Land. Also Butter bei die selbigen und los geht's!

Zuerst machst du dich an die Marinade: Dazu verquirlst du den Limettensaft mit dem gepressten Knoblauch, dem Curry und dem Muskat. Die Mischung salzt und pfefferst du noch nach deinem Geschmack.

··

Jetzt geht's an unser Angelgut: Du wäschst die Seelachs- oder Kabeljaufilets kurz ab und trocknest sie. Dann schön in mundgerechte Happen schneiden und in die Marinade werfen. Hier kann der Fisch erstmal eine halbe Stunde vor sich hin schwimmen.

··

In der Zwischenzeit heizt du schon mal den Ofen auf 180 °C Umluft vor. Dann kochst du in einem Topf Wasser mit etwas Salz auf. In der Zeit entfernst du die Blumenkohlröschen vom Strunk. Wenn es blubbert, dürfen die Blumenkohlröschen für 5–8 Minuten rein.

··

Nun kannst du schon mal die Auflaufform fetten. Gieß die Blumenkohlröschen ab und verteil sie mit dem marinierten Seelachs darin.

··

Zum Schluss verquirlst du noch den Schmand mit der Kokosmilch und den Eiern und schmeckst die Sauce nach Belieben mit Curry, Muskat, Salz und Pfeffer ab. Dann die Sauce über dem Auflauf verteilen und mit dem Reibekäse bestreuen.

··

Und jetzt für 40 Minuten in den Ofen damit – fertig!
Wenn du beim Kochen jetzt noch Helene Fischer hörst, ist das Anglerglück perfekt.

Mett-Zucchini
à la Müllemer Böötche

Dauert:
25 Minuten

Reicht für:
4 Portionen

4	Zucchini, halbiert
800 g	Mett
	Salz, nach Belieben
	Pfeffer, nach Belieben
	Paprikapulver, nach Belieben
70 g	Reibekäse

Heidewitzka! Lust, echt kölsch in See zu stechen?
Na klar! Und dazu hier der passende Proviant:

Als Erstes heizt du den Ofen vor, auf 180°C Umluft,
denn wir wollen ja nachher nicht vor einem kalten Ofen stehen.
···
Jetzt schnappst du dir die Zucchini und wäschst sie. Und weil wir ja Zucchini-Boote wollen:
Schön halbieren und mit einem Löffel den Mittelteil rauskratzen –
schließlich brauchen wir Platz für das leckere Mett.
···
Würzig möchten wir es auch, also schnapp dir Salz, Pfeffer und Paprikapulver
und bestreu damit großzügig die Zucchini.
···
Und ran an das Mett: Schnapp es dir und teil es in acht Portionen.
Aus jeder formst du eine Wurst, und die passt nun genau
in den „Laderaum" auf dem Zucchini-Schiff.
···
Zum Schluss noch den Reibekäse über deine Schiffchen streuen und in den Ofen packen.
Lass sie 20 Minuten überbacken.
···
Super lecker und schnell gemacht!

Guidos Tipp

Schmeckt
übrigens auch mit
Rinderhackfleisch
statt mit Mett!

Kabeljaufilet mit Knusperkruste

Dauert:
30 Minuten

Reicht für:
4 Portionen

600 g	Kabeljaufilet		**1**	Knoblauchzehe, fein gehackt
3	Eier, Größe M		**60 g**	Oliven, fein gehackt
	Salz, nach Belieben		**4**	Cocktailtomaten, fein gewürfelt
	Pfeffer, nach Belieben			Paprikapulver, nach Belieben
100 g	Mandeln, gemahlen			Saft von 1 Zitrone
2	Rosmarinzweige, gehackt			Öl für die Form
2	Dillzweige, gehackt			
200 g	Parmesan, gerieben		**Utensilien:**	1 Auflaufform
200 g	Mandeln, gehackt			

Schon der große Heinz Erhardt wusste: „Das Meer ist weit, das Meer ist blau.
Im Wasser schwimmt ein Kabeljau." Aber jetzt mal Butter bei die Fische! Und wo wir grad dabei sind,
nehmen wir auch noch ein paar andere leckere Sachen – so werden sie so richtig knuspergut!
Übrigens: Was ist noch langweiliger als Angeln? Beim Angeln zuschauen!

Heiz schon mal den Ofen auf 160°C Umluft vor. Jetzt schnappst du dir die Fischfilets,
hältst sie kurz unter kaltes Wasser und trocknest sie ab.

···

Stell drei Teller zurecht, so wie du es vom Panieren bei Schnitzeln kennst:
In einen Suppenteller packst du die Eier, salzt und pfefferst sie ordentlich und verquirlst sie,
daneben kommen zwei große Teller. Auf einen davon streust du die gemahlenen Mandeln.

···

Mach dich an die Knusperpanade: Dazu wäschst und trocknest du flott den Rosmarin und den Dill und hackst beides
klein. Dann die Kräuter mit Parmesan und gehackten Mandeln in eine Schüssel werfen und alles gut vermischen.

···

Den Knoblauch schälst du und hackst ihn fein. Genauso klein dürfen die Oliven werden, die Cocktailtomaten
wäschst du und schneidest sie in kleine Würfelchen. Wirf dann Knoblauch, Oliven und Tomaten mit in die
Parmesanmischung. Alles kräftig mit Salz, Pfeffer und etwas Paprikapulver abschmecken und schön verrühren!
Die Mandel-Parmesan-Mischung gibst du jetzt auf den zweiten großen Teller.

···

Schnapp dir deine Fische und verteil den Zitronensaft darüber. Dann wälzt du sie zuerst in den gemahlenen
Mandeln und dann im verquirlten Ei. Sie sollen richtig dick damit bedeckt sein, also klotzen, nicht kleckern!

···

Zeit für die Knusperpanade: Wälz die Fischfilets in der Mandel-Parmesan-Mischung,
bis sie rundherum darin eingepackt sind.

···

Jetzt nur noch eben das Öl in deine Auflaufform füllen und gut verteilen.
Wirf die Knusperfische rein und lass sie dann für 15–20 Minuten in den Ofen springen.
Die Kruste soll rundherum schön goldbraun werden, deshalb drehst du sie in der Halbzeit einmal um.

Wildgulasch mit Spätzle und Preiselbeeren

Dauert:
3,5 Stunden

Reicht für:
4 Portionen

1 kg	Wildfleisch, z.B. Hirsch- oder Rehschulter oder -nacken, gewürfelt
2 EL	Öl
	Salz, nach Belieben
	Pfeffer, nach Belieben
2	rote Zwiebeln, gewürfelt
1	Knoblauchzehe, fein gehackt
1	Pastinake, geschält, in dünnen Scheiben
1	Möhre, geschält, in dünnen Scheiben
½	Knollensellerie, geschält, in kleinen Stücken
2 EL	Tomatenmark
350 ml	Rotwein oder roter Traubensaft
	Wildgewürz, nach Belieben
	Paprikapulver, nach Belieben
5	Wacholderbeeren
	Pimentkörner, nach Belieben
2	Lorbeerblätter
2	Nelken
350 ml	Wildfond oder Gemüsebrühe
2 EL	Essig
50 g	Preiselbeeren
400 g	Spätzle aus dem Kühlregal
	Mehlbutter zum Andicken (s. Tipp)
	Petersilie zum Bestreuen, optional

Jetzt blasen wir zum Halali!

→

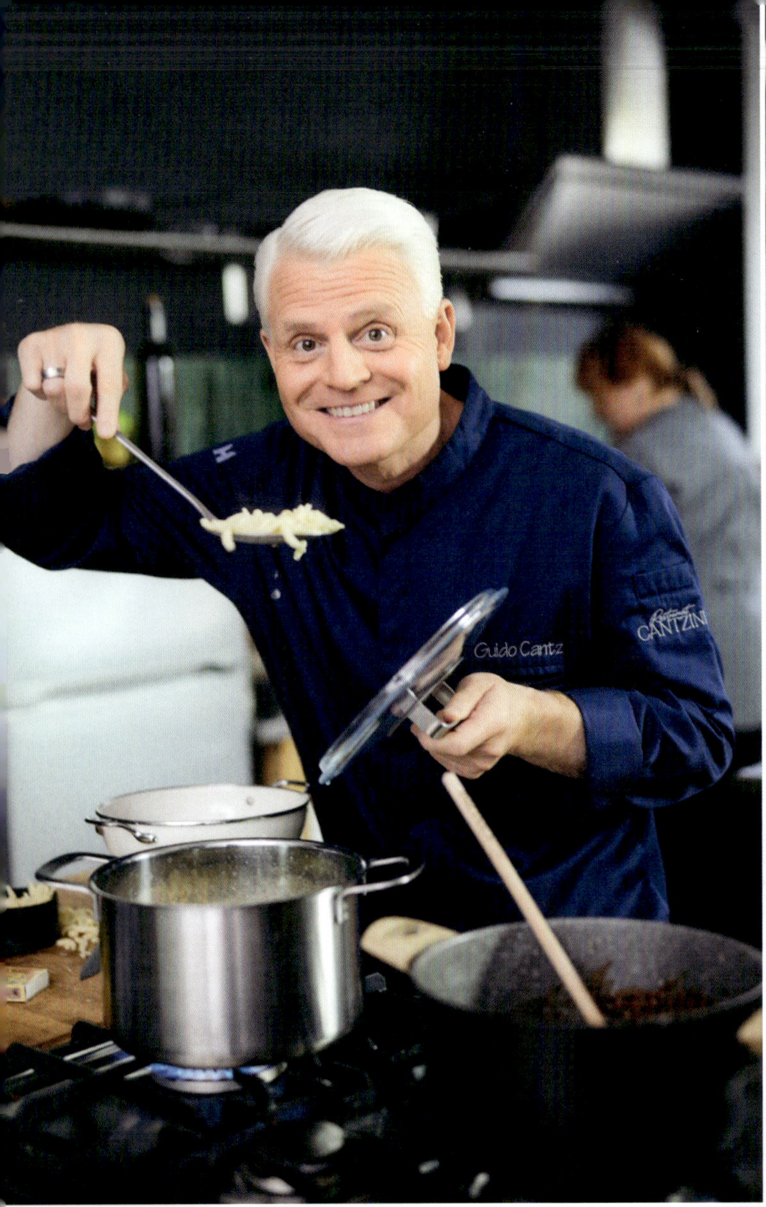
Guido Cantz

Guido Cantz

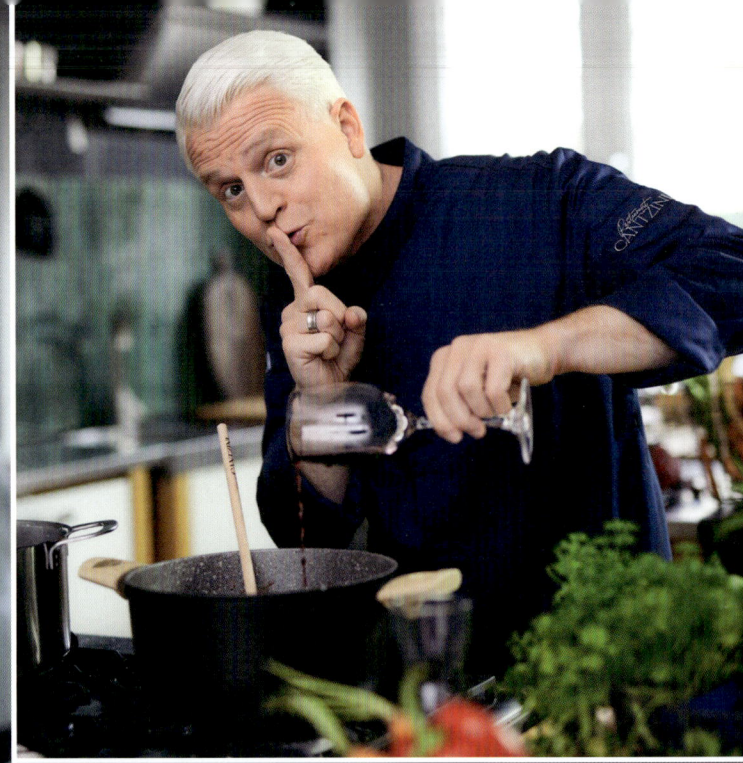

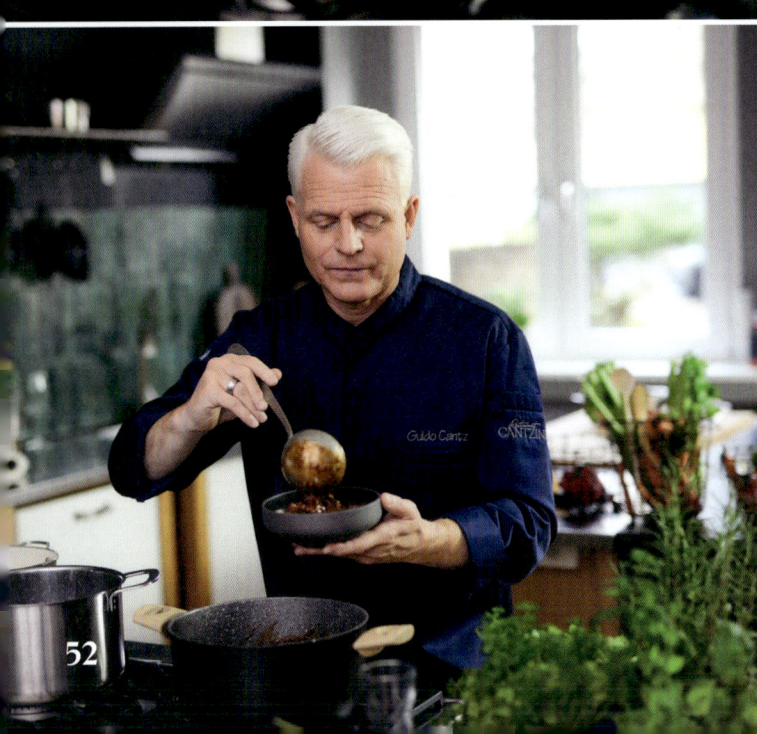

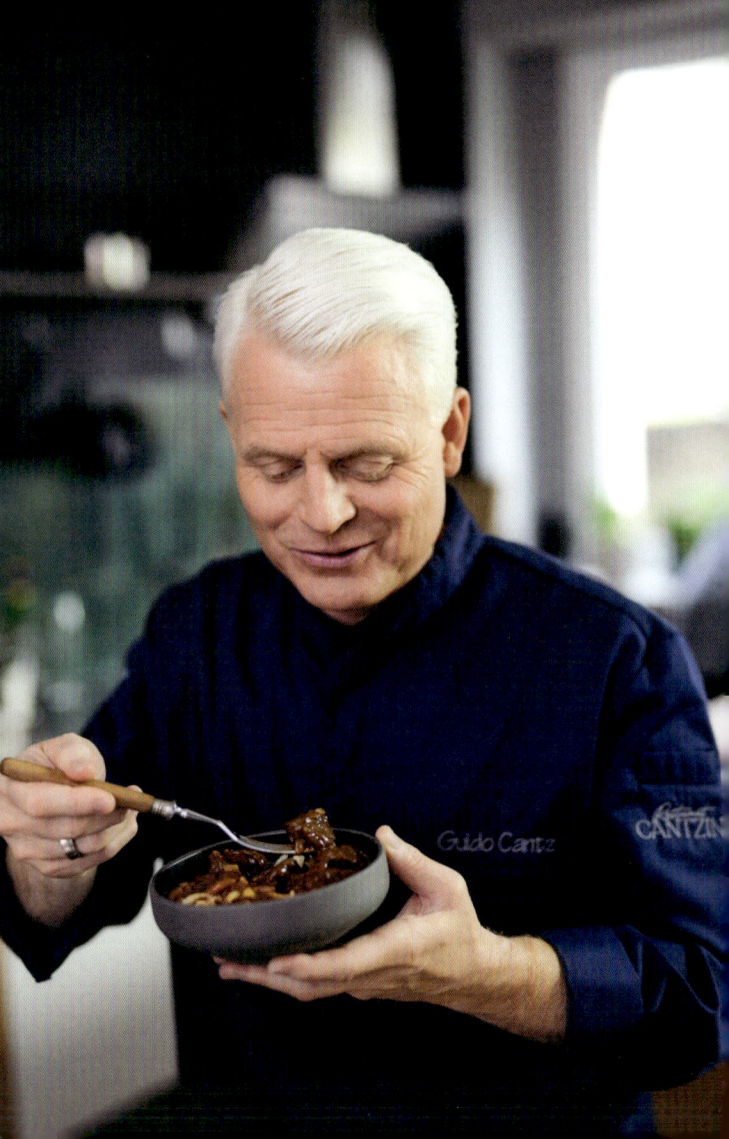

Als Erstes schnappst du dir das Fleisch, wäschst es und tupfst es mit Küchenkrepp ab.
Überflüssiges Fett und Sehnen wirst du los. Dann schneidest du es in schöne, gulaschtaugliche Würfel.

....

Mach das Öl in einem großen Topf oder Bräter heiß und wirf die Fleischwürfel rein.
Sie sollen alle rundherum goldbraun werden, dann kannst du sie rausholen,
ordentlich salzen und pfeffern und für den Moment parken.

....

Weiter geht's mit unserer Jagd auf das perfekte Gulasch: Schäl die Zwiebeln und den Knoblauch,
würfle bzw. hack sie. Pastinake und Möhre schälst du ebenfalls und schnibbelst sie in dünne Scheiben.
Den Sellerie wäschst und bürstest du ab – Erde und sonstiges Wildleben wollen wir nämlich nicht dabeihaben –
schneidest die Wurzeln weg und schälst ihn. Dann schneidest du ihn klein.
All das kleingeschnibbelte Gemüse wirfst du jetzt in den Topf oder Bräter und brätst es an.

....

Jetzt geht's weiter: Rühr das Tomatenmark ein und gieß dann 200 ml vom Rotwein
oder dem Traubensaft dazu. Alles schön verrühren.

....

Endlich wird's fleischig: Wirf die Fleischwürfel in den Topf und würz das Ganze nach deinem Gusto
mit Wildgewürz und Paprikapulver. Die losen Gewürze sollen dir ja gleich keine Probleme machen,
deshalb packst du Wacholderbeeren, Pimentkörner, Lorbeer und Nelken am besten in ein Tee-Ei
oder einen Kaffeefilter, den du zubindest. Dann kannst du sie auf dein Gulasch loslassen.

....

Du gießt den Wildfond oder die Brühe, den Rest vom Rotwein oder Traubensaft, den Essig
und die Hälfte der Preiselbeeren dazu. Pack den Deckel drauf, dann kann dein Gulasch
für die nächsten 2,5 Stunden vor sich hin schmoren.

....

Zwischendurch darfst du den Deckel mal abnehmen und durch das Gulasch rühren, damit nichts ansetzt.
Bevor das passiert, gibst du noch mehr Wildfond oder Brühe dazu, wir wollen es ja mit schön viel Sauce.

....

Zum Ende der Kochzeit vom Gulasch garst du dir noch deine Spätzle nach Packungsanweisung.

....

Der Timer läutet? Zeit, zu probieren, ob das Fleisch ordentlich zart ist.
Falls es noch ein bisschen Schmorzeit vertragen könnte, lässt du es einfach noch ein wenig weitergaren,
bis es die für dich perfekte Konsistenz erreicht hat.

....

Zum Schluss nimmst du deine Gewürzpakete raus. Wenn dir deine Sauce noch zu flüssig ist,
nimmst du 1–2 Kugeln Mehlbutter (siehe Tipp), lässt sie in die Sauce plumpsen und rührst sie ein.
Nur noch mal kurz aufkochen, bis dir die Sauce dick genug ist, und im Zweifel wiederholen.
Fertig! Jetzt kannst du das Festmahl mit Spätzle und den restlichen Preiselbeeren auf Tellern anrichten
und optional noch etwas Petersilie darüber streuen.

Guidos Tipp

Ich bevorzuge zum
Saucenandicken immer
Mehlbutter. Ganz einfach herzu-
stellen: Nimm zu gleichen Teilen Mehl und
Butter. Form kleine Kugeln daraus und
frier sie in einem Gefrierbeutel ein.
Damit hast du sie immer griffbereit.
50 Gramm Mehlbutter reichen
aus, um ca. einen halben Liter
Flüssigkeit zu binden.

Thai-Curry

Guidos Tipp

Wer mag,
kann auch
Erdnüsse
dazugeben.

1 EL	Currypaste, rot oder gelb
1 EL	Palmzucker oder Honig
1 EL	Fischsauce
1 EL	Sojasauce
1 cm	Ingwer, frisch
3	Kaffir-Limettenblätter
500 g	Puten- oder Hähnchenbrustfilet; für fleischlose Variante: Tofu, jeweils gewürfelt
300 g	Gemüse, z.B. Paprika, Kaiserschoten, Erbsen, klein geschnitten
1	Zwiebel, gewürfelt
1	Knoblauchzehe, fein gehackt
1 EL	Öl
400 ml	Kokosmilch
	Salz, nach Belieben
	Pfeffer, nach Belieben
	Paprikapulver, nach Belieben
	Erdnüsse, optional

Utensilien: 1 Wok oder 1 Pfanne

**Jetzt starten wir unsere eigene Wok-WM
und machen uns an etwas Lecker-Exotisches!**

Zuerst machst du dich an die Marinade. Dafür verquirlst du die Currypaste
mit dem Palmzucker oder Honig, der Fisch- und der Sojasauce.
....
Schäl den Ingwer und gib ihn zusammen mit den Kaffir-Limettenblättern dazu.
....
Wenn alles vermengt ist, schneidest du das Fleisch – oder den Tofu –
in mundgerechte Würfel und lässt es 2 Stunden in der Marinade ziehen.
....
In der Zwischenzeit kannst du schon mal das Gemüse aussuchen und parat machen.
Da geht alles, was du magst. Egal, nach welchem Gemüse dir ist: Schneid es schön klein.
....
Die Zwiebel und den Knoblauch schälst du und würfelst sie bzw. hackst sie klein.
Dann packst du das Öl in den Wok oder die Pfanne, lässt es heiß werden und wirfst
anschließend Zwiebeln, Knoblauch und Fleisch- oder Tofustücke zum Anbrutzeln rein.
....
Jetzt wirfst du die Gemüsestücke dazu und brätst sie mit an. Lösch das Ganze
mit der Kokosmilch ab und lass das Curry 10 Minuten vor sich hin köcheln.
....
Schmeck das Curry nach deinem Gusto mit den Gewürzen ab.

Pasta & Reis

Paella

Dauert:
50 Minuten

Reicht für:
4 Portionen

200 g	Hähnchenbrustfilet, gewürfelt		**400 g**	Meeresfrüchte-Mix, tiefgekühlt
½	Paprika, rot, gewürfelt		**1 TL**	Petersilie, gehackt
½	Paprika, grün, gewürfelt		**5**	Safranfäden oder ½ TL Lebensmittelfarbe, gelb oder orange
4	Knoblauchzehen, fein gehackt		**250 g**	Paella-Reis
3–4 EL	Olivenöl		**1,5 l**	Gemüsebrühe
	Salz, nach Belieben			Saft von ½ Zitrone
	Pfeffer, nach Belieben		**8–12**	Miesmuscheln
2	Tintenfischtuben, frisch, in Ringen			Gambas, ungeschält, zum Garnieren, optional
200 g	Tomaten, passiert			
8–12	Gambas, gewaschen, geschält		**Utensilien:**	1 große, tiefe Pfanne oder 1 Wok
200 g	Venusmuscheln, gewaschen			

Spanien? Olé, wir machen uns jetzt auch an DAS spanische Nationalgericht.
Wer Meeresfrüchte mag, wird jetzt jubeln, und wer erst milde Panik vor Tintenfischtuben überwinden muss:
Keine Angst, ich bin bei dir, ES LOHNT SICH!

Als Erstes wäschst du das Hähnchen, tupfst es trocken und schneidest es in Würfel.
Die Paprikaschoten wäschst du auch, schneidest flott den Strunk und die Kerne raus
und würfelst sie. Den Knoblauch kannst du schälen und fein hacken.

·····································

Pack das Olivenöl in eine große Pfanne oder einen Wok und lass es heiß werden. Dann wirfst du das
Hühnerfleisch rein und brätst es an, bis es von allen Seiten goldbraun ist. Anschließend kannst du es salzen
und pfeffern, wirfst die Paprikawürfel und die Knoblauchstücke dazu und brätst sie kurz mit an.

·····································

Zeit für die Meeresfrüchte: Wasch die Tintenfischtuben und schneid sie in Ringe.
Dann packst du sie zusammen mit den passierten Tomaten in die Pfanne und verrührst alles kurz.

·····································

Nun wirfst du die Gambas, die Venusmuscheln und den Meeresfrüchte-Mix dazu, würzt die Mischung
nach deinem Gusto mit Salz, Pfeffer und der klein gehackten Petersilie und verrührst sie.

·····································

Damit deine Paella Farbe bekommt, passend zur spanischen Sonne,
rührst du jetzt noch die Safranfäden oder die Lebensmittelfarbe ein.

·····································

Wirf den Paella-Reis in die Pfanne und lass ihn kurz mit anbraten.
Dann gießt du die Brühe dazu und lässt die Paella aufkochen. Wenn's brutzelt, auf niedrige
Hitze stellen und so lange köcheln lassen, wie es die Packungsanleitung für den Reis verlangt.

·····································

Und nun bist du der spanischen Fiesta schon ganz nah: Nur noch mal umrühren, nach deinem Wunsch
abschmecken und den Zitronensaft unterrühren. Zieh die Pfanne von der Herdplatte, dann kannst du
auch schon die Miesmuscheln ringsherum am Pfannenrand einstecken.

·····································

Wenn du magst, legst du zum Servieren noch ein paar ungeschälte Gambas als Hingucker oben auf die Paella.
Und jetzt: Urlaubsfeeling genießen, am besten noch mit einem Tinto de Verano in der Hand!

Bunte Wildreis-Hähnchen-Pfanne

Dauert:
1 Stunde

Reicht für:
4 Portionen

	Salz, nach Belieben
3 EL	Öl
250 g	Wildreis
2–3	Zucchini, in Scheiben
2	Paprika, gelb, gewürfelt
1	Zwiebel, gewürfelt
550 g	Hähnchenbrustfilet, gewürfelt
	Curry, nach Belieben
	Pfeffer, nach Belieben
350 ml	Geflügelfond
200 ml	Sahne
100 g	Crème fraîche
	Mehlbutter, zum Andicken, optional (siehe Tipp S. 53)
	Koriander, frisch, gehackt, zum Garnieren

Guidos Tipp

Nimm am besten grüne und gelbe Zucchini, das ist schön bunt und verbessert direkt die Stimmung!

Du brauchst so ein richtiges Wohlfühl-Essen gegen Depri-Stimmung an Regentagen? Dann bekommst du jetzt genau dieses Rezept von Doktor Cantz verschrieben!

Als Erstes, lieber stimmungsverhagelter Patient, kochst du Wasser – am besten wirfst du wegen der genauen Menge und Garzeit einen Blick auf die Reispackung – mit Salz und einem Esslöffel Öl in einem Topf auf. Wenn's blubbert, kannst du den Wildreis reinpacken und ihn bei niedriger Hitze nach Packungsanleitung garkochen.

In der Zwischenzeit kannst du schon mal die Zucchini putzen und in Scheiben schneiden, die Paprika putzt und würfelst du. Ich hoffe, es wird nicht tränenreich, wenn du die Zwiebel schälst und würfelst.

Gieß die restlichen 2 Esslöffel Öl in die Pfanne, lass sie heiß werden und brate die Zwiebelwürfel darin an, bis sie glasig sind. Jetzt wirfst du die Paprikawürfel und Zucchinischeiben dazu, dann kriegen sie auch dieses schöne Brataroma ab. Na, steigt schon die Laune? Das Gemüse füllst du jetzt um und parkst es kurzzeitig.

Nun geht's ans Hähnchen: Du schneidest das Filet in Würfel und brätst sie in der Pfanne von allen Seiten an, bis sie rundherum leicht goldbraun sind. Ganz nach deinem Gusto mit Curry, Salz und Pfeffer abschmecken, denn es soll ja schön würzig werden.

Für deine Sauce badest du dein Hähnchen jetzt in Geflügelfond, Sahne und Crème fraîche und lässt die Sauce einmal aufkochen.

Und nun dürfen auch Reis und Gemüse dazu. Vermisch alles und würz nochmal nach, wie du es magst. Falls dir die Sauce zu dünn ist, kannst du sie prima mit Mehlbutter (siehe Tipp S. 53) andicken. Vor dem Servieren streust du noch den Koriander drüber. Mmmmmh, echtes Comfort-Food!

Guidos Tipp

Beim Rühren sollte
der Kochende das Trinken
nicht vergessen. Wenn
die Flasche Sekt oder
Weißwein eh schon
mal geöffnet ist ...

Safran-Risotto mit gebratenen Tomaten

Dauert:
40 Minuten
Reicht für:
4 Portionen

1	Bananenschalotte oder kleine rote Zwiebel, gewürfelt
1	Knoblauchzehe, fein gehackt
2 EL	Butter
250 g	Risottoreis
	Salz, nach Belieben
	Pfeffer, nach Belieben
	Oregano, nach Belieben
	Thymian, nach Belieben
100 ml	Weißwein oder Sekt
1 TL	Zitronensaft
1 TL	Safranfäden

600 ml	Geflügelfond oder Gemüsebrühe
30 g	Pecorino, gerieben

Für die gebratenen Tomaten:

15	Cocktailtomaten, bunt, halbiert
2 EL	Öl
1	Knoblauchzehe, fein gehackt
2	Rosmarinzweige
	Basilikum, nach Belieben
	Salz, nach Belieben
	Pfeffer, nach Belieben

Reis, Reis, Baby! Heute machen wir mal was anderes damit, als ihn einfach nur lahm zu kochen. Glaub mir, wenn für dieses Risotto ein Sack Reis umfällt, IST DAS EIN EVENT! Das Risotto ist im Gegensatz zu James Bonds Lieblingsgetränk gerührt und nicht geschüttelt!

Als Erstes schälst du die Schalotte oder Zwiebel und den Knoblauch. Würfle die Schalotte und hack den Knoblauch fein. Dann wirfst du munter die Butter in einen Topf, lässt sie schön heiß werden und brutzelst die Würfel darin an, bis sie glasig sind.

···

Jetzt kannst du den Risottoreis dazuwerfen. Verrühr ihn mit den Schalotten- oder Zwiebelwürfeln und den Knoblauchstückchen und würz das Ganze nach deinem Gusto mit Salz, Pfeffer, Oregano und Thymian.

···

Wenn der Reis anfängt, glasig auszusehen, kannst du den Weißwein oder Sekt und den Zitronensaft dazugießen. Und dann ist auch Zeit für den Safran! Rühr ihn mit 3–4 Esslöffeln Fond oder Brühe ins Risotto.

···

Nun immer schön weiterrühren, sonst setzt es an. Sobald du merkst, dass der Fond oder die Brühe weggeköchelt sind, nachgießen – wie der mega-aufmerksame Kellner im Restaurant es mit deinem Weinglas macht – , bis du alle Flüssigkeit eingerührt hast, das dauert insgesamt ca. 20 Minuten.

···

Zu guter Letzt rührst du noch den Pecorino unter und ziehst das Risotto von der Herdplatte.

···

Für die gebratenen Tomaten schneidest du jetzt noch schnell deine bunten Tomaten in Hälften. Dann machst du das Öl in einer Pfanne heiß. Schäl die Knoblauchzehe, hack sie klein und lass sie mit den Tomatenhälften kurz anbraten. Leg noch einen oder zwei Zweige Rosmarin dazu. Darüber streust du ganz nach deinem Geschmack Basilikum, Salz und Pfeffer.

···

Und nun kannst du dein Risotto auf Tellern anrichten und immer eine gute Menge von den Tomaten als Klecks darauf- oder danebensetzen. Ah, da isst das Auge aber sowas von mit!

Mac and Pineapple –
Makkaroniauflauf mit Ananas

Dauert:
35 Minuten

Reicht für:
4 Portionen

500 g	Makkaroni
400 ml	Sahne
300 ml	Kondensmilch
375 g	Parma- oder Serranoschinken, in kleinen Stücken
2 EL	Tomatenmark
	Gemüsebrühpulver, nach Belieben
	Salz, nach Belieben
	Pfeffer, nach Belieben

	Paprikapulver, nach Belieben
1 EL	Speisestärke + 50 ml Wasser, zum Andicken, optional
	Mehlbutter, nach Belieben, optional
350 g	Reibekäse
460 g	Ananasstücke, aus der Dose, Abtropfgewicht je 230 g

Utensilien: 1 Auflaufform

Den klassischen Mac and Cheese kennst du. Und du kennst Toast Hawaii. Aber die Kombination aus beidem – mega.

Als Erstes – ganz klar – machst du dich an die Makkaroni. Wirf sie in einen Topf mit kochendem gesalzenem Wasser und koch sie etwa 8 Minuten, bis sie al dente sind. Gieß sie ab, wenn sie fertig sind, und park sie kurz. Den Ofen kannst du auch schon vorheizen, auf 180 °C Umluft.

⋯⋯⋯⋯⋯⋯⋯⋯⋯⋯⋯⋯⋯⋯⋯

In der Zwischenzeit kannst du die Sauce vorbereiten: Dazu Sahne und Kondensmilch in einen Topf gießen und erhitzen. Den Schinken in Stückchen schneiden und dazuwerfen.

⋯⋯⋯⋯⋯⋯⋯⋯⋯⋯⋯⋯⋯⋯⋯

Und damit es auch schön tomatig-würzig wird, rührst du das Tomatenmark ein und würzt das Ganze nach deinem Gusto mit Gemüsebrühe, Salz, Pfeffer und Paprikapulver. Die Sauce ist dir noch zu flüssig? Einfach die Speisestärke mit dem Wasser in einem Schälchen anrühren und in deine Sauce rühren, bis dir die Konsistenz gefällt. Alternativ geht das auch mit Mehlbutter (siehe Tipp S. 53)

⋯⋯⋯⋯⋯⋯⋯⋯⋯⋯⋯⋯⋯⋯⋯

Jetzt mischst du noch 200 g von dem Reibekäse in die Sauce und lässt sie ein bisschen abkühlen.

⋯⋯⋯⋯⋯⋯⋯⋯⋯⋯⋯⋯⋯⋯⋯

Kipp die Ananas in ein Sieb. Den Saft brauchst du für dieses Rezept zwar nicht, verwahr ihn aber ruhig, vielleicht ist dir ja später nach 'nem Saft oder 'nem Cocktail. Die Stückchen rührst du jedenfalls in die Sauce.

⋯⋯⋯⋯⋯⋯⋯⋯⋯⋯⋯⋯⋯⋯⋯

Zeit, die Auflaufform rauszuholen! Pack die gekochten Makkaroni rein und gieß die Sauce drüber. Am besten verrührst du Makkaroni und Ananas-Sauce in der Form noch mal, damit die Sauce wirklich überall hinkommt. Darüber lässt du den übrigen Reibekäse rieseln.

⋯⋯⋯⋯⋯⋯⋯⋯⋯⋯⋯⋯⋯⋯⋯

Pack deinen Mac and Pineapple in den Ofen, in 20 Minuten ist er fertig. Nice!

Spaghetti Bolognese nach Guidos Art

Dauert:
50 Minuten
Reicht für:
4 Portionen

500 g	Rinderhackfleisch
	Salz, nach Belieben
	Pfeffer, nach Belieben
1	Zwiebel, gewürfelt
2	Möhren, gewürfelt
¼	Knollensellerie, gewürfelt
1	Knoblauchzehe, gepresst
125 ml	Rotwein
125 ml	Gemüsebrühe

2 EL	Tomatenmark
500 ml	Tomatensauce (Sugo)
500 g	Spaghetti
	Rosmarinzweige, nach Belieben
	Chilipulver, nach Belieben
	Parmesan, frisch gerieben, zum Garnieren

Utensilien: 1 Knoblauchpresse

*Was hat man, wenn man Spaghetti um einen Wecker wickelt? Essen rund um die Uhr!
Aber Scherz beiseite – Spaghetti gehen immer, das ist schon seit meiner Kindheit so.
Und: Da geht heute weit mehr als Mirácoli.*

Als Erstes schnappst du dir das Hackfleisch und brätst es in einer Pfanne im eigenen Saft an, bis es krümelig ist. Und damit es auch Würze kriegt, schmeckst du es ordentlich mit Salz und Pfeffer ab.

In der Zwischenzeit kannst du schon mal die Zwiebel, die Möhren und den Sellerie schälen und alles würfeln. Den Knoblauch presst du. Alles Gemüse wirfst du zum Hackfleisch in den Topf und dünstest es kurz mit an.

Wir wollen ja eine schöne Sauce, also löschen wir das Ganze jetzt mit Rotwein und Brühe ab und rühren das Tomatenmark und die Tomatensauce unter. Mmmmh, riecht schon gut! Dann die Sauce für 40 Minuten auf schwacher Hitze vor sich hin köcheln lassen. Je länger es köchelt, desto besser wird die Sauce.

Damit auch alles gleichzeitig fertig wird, kochst du 20 Minuten vor Ende der Garzeit Salzwasser in einem Nudeltopf auf, wirfst die Spaghetti rein und kochst sie nach Packungsanweisung, bis sie al dente sind.

Zum Schluss die Sauce nach deinem Gusto mit Rosmarin, Chilipulver, Salz und Pfeffer abschmecken.

Zum Finale! Lass die Spaghetti abtropfen, dann kannst du sie auch schon mit der Sauce servieren und mit frisch geriebenem Parmesan garnieren.

Spaghetti à la Fresca

Dauert:
15 Minuten
Reicht für:
4 Portionen

500 g	Dinkel-Spaghetti
5	Tomaten, frisch, in Stücken
100 g	Rucola, frisch, gehackt
1 Bund	Basilikum, frisch, gehackt
60 g	Oliven, grün oder schwarz, ohne Stein
2 EL	Balsamico-Essig, dunkel
6 EL	Olivenöl
1 Spritzer	Zitronensaft
1 TL	Oregano
	Salz, nach Belieben
	Pfeffer, nach Belieben
	Thymian, nach Belieben

*Jetzt wird's frisch! Du willst nicht immer nur die gleiche Tomatensauce,
sondern mal was mit mehr Pep und Frische? Dann bist du hier richtig.*

Erstmal die Basics: Pack einen Kochtopf auf den Herd, koch Wasser mit Salz darin auf,
wirf die Spaghetti rein und koch sie bissfest. Das dauert ca. 9 Minuten.

In der Zwischenzeit die frischen Tomaten in kleine Stücke schneiden.
Dann den Rucola putzen und kleinschneiden, genauso wie das Basilikum.

Nun wird es salatig: Pack die Tomatenstücke mit den Rucolablättern
und dem Basilikum in eine Schüssel, dazu wirfst du die Oliven.

Für das Dressing verquirlst du Essig, Öl und Zitronensaft, würzt die Mischung nach deinem Gusto
mit Oregano, Salz, Pfeffer und Thymian und vermischst alles noch mal gut.
Dann gießt du das Dressing über deinen Salat und vermengst ihn schön.

Die fertigen Spaghetti kommen nun in ein Abtropfsieb.
Wenn sie gut abgetropft sind, kannst du sie zum Tomaten-Rucola-Mix packen und alles vermengen.
Und schon ist die frischste aller Spaghetti-Varianten fertig!

Lachs-Pasta mit Erbsen

400 g	Penne-Nudeln, optional: andere Pasta
	Salz, nach Belieben
½ TL	Zucker
100 g	Erbsen, tiefgekühlt
1	Zwiebel, gewürfelt
1	Knoblauchzehe, fein gehackt
400 g	Lachsfilet, gewürfelt
2 EL	Olivenöl
200 ml	Sahne
100 ml	Kochwasser
	Dill, frisch, gehackt, nach Belieben
	Salz, nach Belieben
	Pfeffer, nach Belieben

Dauert:
20 Minuten
Reicht für:
4 Portionen

**Pasta e pesce – Pasta und Fisch: Was für eine überragende Kombination!
Und wirklich schnell gemacht!**

Als Erstes: Schnapp dir einen Kochtopf, koch Wasser mit Salz auf und lass die Pasta darin ca. 9 Minuten kochen – probier mal eine der Penne-Nudeln, sie sollen ja schön al dente sein.

Parallel dazu: Nochmal Wasser aufsetzen, wieder Salz und diesmal noch einen halben Teelöffel Zucker reintun und darin die Erbsen 4 Minuten kochen.

Wenn Pasta und Erbsen gar sind, abgießen – von dem Erbsenwasser 100 ml verwahren – und in eine Schüssel geben.

Die Zwiebel und den Knoblauch schälst du und schnibbelst beides fein.

Wenn du im Supermarkt Anglerglück hattest, kannst du jetzt deinen Fang auspacken, kurz waschen und trocken tupfen und dann schön würfeln. Pack eine tiefe Pfanne auf den Herd, lass das Öl darin heiß werden und brate dann die Lachswürfel für gut 5 Minuten rundherum an, bis sie zart gebräunt sind. Zwiebelwürfel und Knoblauchstücke dürfen direkt mit anbraten.

Jetzt wirfst du die Erbsen zu deinem Fisch in die Pfanne und vermischst alles schön mit Sahne und so viel Erbsenwasser, wie du magst – zu suppig soll es nicht werden.

Zum Schluss noch ganz nach deinem Geschmack mit Dill, Salz und Pfeffer würzen, dann noch die Pasta unterrühren – Zeit zum Servieren!

Guidos Maultaschen

Dauert:
10 Minuten
Reicht für:
4 Portionen

800 g	Maultaschen, aus der Frischetheke
100 g	Butter
1	rote Zwiebel, gewürfelt
2	Eier, Größe M
1 Handvoll	Petersilie, gehackt, optional, zum Bestreuen

Dieses Rezept nehme ich sehr persönlich.
Geboren in PORZ am Rhein (heute Köln), bezeichne ich mich auch als Restschwabe.
Mein Vater kommt aus einer Metzgerdynastie in Stuttgart. Das Wertvollste, was ich besitze,
sind die vakuumverpackten „Mauldäschle" meines Vetters Oli Cantz im Gefrierschrank.
Leider ist die Metzgerei Cantz in der schwäbischen Landeshauptstadt
und nicht um die Ecke und deshalb bleibt mir nichts anderes übrig,
als gelegentlich alternative Quellen zu finden.

Schnapp dir die Maultaschen und schneid sie in breite Streifen.
....
In einer Pfanne zerlässt du die Butter.
Die rote Zwiebel würfelst du klein, wirfst die Würfel in die heiße Pfanne und brätst sie glasig an.
....
Jetzt wirfst du die Maultaschen dazu
und schiebst sie hin und her, bis sie schön buttrig sind.
....
Der Höhepunkt sind die verklepperten Eier. Verquirl die Eier in einer kleinen Schüssel.
Dann einfach über die Maultaschen geben und weiterbrutzeln.
Ganz nach Geschmack würzen und optional noch etwas Petersilie drüberstreuen. Fertig!

Guidos Tipps

Dazu schmeckt
super ein Gurkensalat!
Für das Dressing einfach
1 TL Weißweinessig, 1 EL Quark,
1 TL Dill, Salz und Pfeffer
verquirlen und mit den
fein geschnittenen Gurken-
scheiben vermischen.
Schön frisch!

Maultaschen
werden auch
„Herrgotts-
bscheißerle"
genannt.

Salate

Mais-Thunfisch-Salat

Dauert:
5 Minuten
Reicht für:
3 Portionen

240 g	Thunfisch ohne Öl, aus der Dose, z.B. von Saupiquet
185 g	Thunfisch in Olivenöl, aus der Dose, z.B. von Saupiquet
300 g	Mais aus der Dose, abgetropft
100 g	schwarze Oliven, ohne Stein, aus der Dose, in dünnen Scheiben, optional
40 g	griechischer Joghurt
2 TL	Ketchup
	Salz, nach Belieben
	Schwarzer Pfeffer, nach Belieben

**Der einfachste und weltbeste Mais-Thunfisch-Salat. Klingt total easy –
ist es auch. Die Dankesschreiben bitte an mich weiterleiten.**

Starte die Stoppuhr! Hol schnell beide Thunfischsorten aus der Dose,
lass sie abtropfen und pack sie in eine Schüssel. Und das Gleiche
nochmal mit dem Mais, gieß nur vorher den Sud ab.
Und natürlich sind aller guten Dinge drei:
Wenn du magst, schnapp dir noch flott die Oliven, lass sie abtropfen
und schneid sie danach in dünne Scheiben.

··

Für dein schnelles Dressing verrührst du in Windeseile den Joghurt
mit dem Ketchup und würzt es nach deinem Gusto mit Salz und Pfeffer.

··

Das fixe Dressing unter den Salat heben und die Stoppuhr stoppen.
Noch schneller und leckerer geht nicht!

Schwäbischer Kartoffelsalat à la Margot

1 kg	Kartoffeln, festkochend, in dünnen Scheiben
1	Gemüsezwiebel, gewürfelt
100 ml	Rapsöl
	Essig, z.B. Apfel- oder Weißweinessig, nach Belieben
100-200 ml	Fleischbrühe, heiß
	Salz, nach Belieben
	Pfeffer, nach Belieben
	Muskatnuss, gemahlen, nach Belieben
	Petersilie, klein geschnitten, optional, zum Garnieren

Schön, wenn man die beste Patentante der Welt hat!
Noch besser, wenn deine Tante den weltbesten schwäbischen Kartoffelsalat macht und dir das Rezept verrät.

Ein paar Stündchen, bevor du z.B. den Grill anfeuerst, gerne auch schon am Tag vorher, kochst du die Kartoffeln in der Schale. Wenn sie gar sind, lässt du sie kurz abkühlen und schälst sie, sobald du dir nicht mehr die Finger daran verbrennst. Schneide sie noch warm in dünne Scheiben.

....

Die Zwiebel fein würfeln und überbrühen, also kurz in kochendes Wasser tauchen – mit dem Ergebnis, dass die Zwiebeln bekömmlicher sind und der Salat länger haltbar ist.

....

Die Zwiebeln auf die Kartoffeln geben. Jetzt kannst du dich ans Dressing machen. Pack das Öl mit dem Essig (nicht zu viel) und der heißen Fleischbrühe in eine Schüssel und verquirl alles gut. Würz das Dressing nach deinem Gusto mit Salz, Pfeffer und Muskatnuss und schmeck noch mal ab.

....

Jetzt verteilst du das Dressing über den Kartoffelsalat und vermischst ihn noch mal. Und damit dein Kartoffelsalat auch wirklich süffig nach Sauce schmeckt, lässt du ihn noch 2 Stunden im Kühlschrank ziehen, wenn möglich sogar über Nacht.

....

Wenn auf dem Grill dann die ersten Würstchen fertig sind, kannst du den Kartoffelsalat noch ein letztes Mal durchmischen. Der Salat sollte saftig sein und glänzen, also gieß gegebenenfalls vor dem Servieren noch etwas heiße Fleischbrühe nach. Optional kannst du den Salat mit etwas Petersilie on top servieren.

Sommersalat mit Erdbeeren und Rucola

500 g	Erdbeeren, frisch, in Scheiben
250 g	Rucola, klein gezupft
1 Bund	Basilikum, klein gezupft
5 EL	Öl
5 EL	Balsamico-Essig, dunkel
2 EL	Honig oder Agavendicksaft
	Salz, nach Belieben
	Schwarzer Pfeffer, frisch, nach Belieben
	Zucker, optional
50 g	Walnusskerne
50 g	Feta, in Stückchen, oder Parmesan, gerieben

*Sommerzeit ist Erdbeerzeit, und Erdbeerzeit ist, wenn Bowle-Fans rot sehen.
Aber Erdbeeren haben's geschmacklich auch im Salat voll drauf –
zum Beispiel in dieser Variante mit Italien-Flair.*

Als Erstes wäschst du die Erdbeeren und pflückst die grünen Blättchen ab.
Dann schön in Scheiben schneiden.
....

Jetzt sind Rucola und Basilikum dran: Putz sie und zupf sie in mundgerechte Häppchen.
Pack Erdbeeren, Rucola und Basilikum in eine Schüssel.
....

Nun machst du dich ans Dressing: Dazu verquirlst du das Öl mit dem Essig und dem Honig
oder Agavendicksaft und würzt kräftig mit Salz und Pfeffer. Probier mal: Wenn es dir noch zu sauer ist,
misch noch ein bisschen Zucker unter. Noch mal gut verrühren, wir wollen doch,
dass sich alle Zutaten gut verbinden.
....

Und schon kannst du das Dressing gleichmäßig über deinen Salat verteilen und nochmal alles gut durchmischen.
Als i-Tüpfelchen noch mit den Walnusskernen und dem Feta oder dem Parmesan bestreuen –
fertig ist dein Salat mit Sommerfeeling!

Guidos Tipp

Wenn Spargelzeit ist, ist leider gerade keine Pfifferlingzeit und umgekehrt. Wenn Spargel oder Pfifferlinge frisch verfügbar sind, immer frisch nehmen, nur halt für die jeweils andere Zutat auf die Dose zurückgreifen.

Spargelsalat mit Pfifferlingen

Dauert:
35 Minuten
Reicht für:
4 Portionen

Für den Salat:

500 g	Spargel, frisch, geschält, in Stücken, alternativ: aus dem Glas
1 EL	Butter
½ TL	Salz
1 TL	Zucker
200 g	Erbsen, tiefgekühlt
250 g	Pfifferlinge, frisch oder aus der Dose

Für das Dressing:

1 Bund	Dill, frisch, fein gehackt
1 Bund	Schnittlauch, frisch, fein gehackt
250 g	Mayonnaise
2 EL	Essig
	Zucker, nach Belieben
	Salz, nach Belieben
	Pfeffer, nach Belieben

Salat – das sind doch diese labbrigen grünen Blätter mit unidentifizierbarer Sauce ...
Nicht dieser hier: Der ist knackig und frech – so hamm's doch gern.

Als Erstes ran an die Stangen: Schäl und putz den Spargel und wirf ihn dann in einen hohen Topf mit kochendem Wasser. Dazu kommen ein Stich Butter, das Salz und der Zucker. Nimm auf jeden Fall reichlich Wasser, der Spargel muss bedeckt sein. Koch ihn nochmal kurz auf, dann lässt du ihn bei geringer Hitze ziehen, bis er bissfest ist. Das dauert ca. 15 Minuten. Falls keine Spargelzeit ist: Gieß den Spargel aus dem Glas ab und schneid ihn klein.

....

In der Zwischenzeit geht's ans kalte Grün: Die Erbsen wirfst du in einen kleinen Topf mit kochendem Salzwasser und lässt sie nach Packungsanleitung kurz garen.

....

Gieß den Spargel ab, wenn er bissfest ist und lass ihn ein bisschen abkühlen. Dann kannst du ihn in schöne, mundgerechte Stücke schneiden.

....

Es ist Herbst? Dann kannst du jetzt die frechen, frischen Pfifferlinge vorsichtig putzen und kleinschneiden. Danach eine Pfanne ohne Öl erhitzen, die Pfifferlinge reinwerfen und für ein paar Minuten braten, um ihnen die Flüssigkeit zu entziehen. Nicht zu lange und schön dabei schwenken, anbrennen sollen sie ja nicht! Falls du Pfifferlinge aus dem Glas nimmst: Schön abgießen und in einer Pfanne mit etwas Butter anbraten, nicht zu lang, sonst werden sie wabbelig wie Gummi.

....

So, die Erbsen sollten jetzt fertig sein. Gieß sie ab und wirf sie zusammen mit den Spargelstücken und den Pfifferlingen in eine Salatschüssel oder verteil sie auf Teller.

....

Für das Dressing noch flott Dill und Schnittlauch waschen, die Kräuter trocken tupfen und fein hacken. In einer Schüssel verquirlst du Mayonnaise und Essig mit Zucker, Salz und Pfeffer – schön abschmecken dabei, die Gewürzmenge soll ja auf dich passen. Dann noch die Kräuter unterrühren.

....

Verteil das Dressing über den Salat, kurz bevor du ihn servierst. Ah, was für ein Gaumenschmaus!

Guidos Tipp

Du kannst für die Croûtons auch ein anderes Weißbrot deiner Wahl nehmen. Sehr gut eignet sich ein Brot vom Vortag. Als Hauptgericht einfach eine Hühnerbrust oder gebratene Gambas dazu servieren.

Caesar Salad

Dauert:
15 Minuten
Reicht für:
4 Portionen

Für den Salat:

3	Mini-Romanasalate
3 Scheiben	Toastbrot, entrindet, gewürfelt
1	Knoblauchzehe, gepresst
2 EL	Öl
100 g	Bacon, gewürfelt
50 g	Parmesan, gerieben

Utensilien: 1 Stabmixer, 1 Knoblauchpresse

Für das Dressing:

1	Knoblauchzehe, gehackt
4	Sardellenfilets, gehackt
1	Ei, Größe M
2 TL	Senf
2 EL	Zitronensaft
1 EL	Weißweinessig
150 ml	Rapsöl
	Pfeffer, nach Belieben
	Salz, nach Belieben

Ach, der alte Caesar mit seinem Lorbeerkranz! Den kennen wir entweder aus Asterix-Heften oder von der Quälerei im Lateinunterricht. (Für das große Latinum hat es gereicht.) Aber sein Salat ist so gut, den würden sogar die Gallier essen. Wobei Obelix wahrscheinlich doch Wildschwein bestellt hätte. Kleine Anmerkung: Caesar Salad habe ich schon auf der ganzen Welt gegessen, in den abenteuerlichsten Interpretationen. Aber BITTE: Ein Caesar Salad ist und bleibt ein Caesar Salad. Romanasalat ... ohne Tomaten, Zwiebeln, Paprika, Mais, etc.

Für das Dressing schnappst du dir als Erstes den Knoblauch und schälst ihn. Hack ihn schön klein und die Sardellenfilets gleich mit. Dann packst du beides zusammen mit Ei, Senf, Zitronensaft und Essig in ein hohes Gefäß und pürierst alles mit einem Stabmixer.

....

Jetzt gießt du – Geduld, Geduld! – laaangsam das Öl dazu und mixt dabei weiter, bis das Dressing schön glatt und cremig ist. Und damit es noch mehr Biss kriegt, den Pfeffer und das Salz einrühren.

....

Schnapp dir als Nächstes die kleinen Salatköpfe, putz sie und zupf die Blätter in kleine Stücke, aber auch nicht ZU klein. Von den Toastscheiben entfernst du zuerst die Kruste und schneidest sie dann in Würfel, den Knoblauch schälst du und presst ihn mit der Knoblauchpresse.

....

Jetzt wird gebraten! Pack das Öl in die Pfanne und wirf die Toastbrotwürfel, den Knoblauch und die Baconwürfel rein, sobald es heiß ist. Lass alles schön anbraten.

....

Zeit zum Anrichten! Verteil die Salatblätter auf Schüsseln oder Teller. Darauf gießt du das Dressing und vermischst alles. Zum Schluss streust du die Toastwürfel, die Baconwürfel und den Parmesan auf den Salat. Bene sapiat!

Krautsalat

Dauert:
15 Minuten
+12 Stunden Ruhezeit
Reicht für:
6 Portionen

1 kg	Weißkohl, entstrunkt, in feinen Raspeln
1	Gemüsezwiebel, gewürfelt
3	Peperoni-Schoten, gewürfelt
60 ml	Öl
70 ml	Weißweinessig
150 ml	Mineralwasser, sprudelnd
	Zucker, nach Belieben
	Salz, nach Belieben
	Pfeffer, nach Belieben
	Kümmel, nach Belieben

Du willst grillen? Und mal was *zu* den Würstchen essen?
Mann, bist du aber anspruchsvoll!
Ne, Quatsch, so ein erfrischender Salat macht das Grillen doch erst komplett.

Zuerst machen wir mal den Kohl fertig, und zwar am Tag vor dem Grillen:
Dazu schneidest du den Strunk raus und schnibbelst dann den Kohlkopf in feine Raspeln,
das geht am besten, wenn du ihn erst in grobe Stücke schneidest und die dann in den Mixer wirfst.
Nicht zu lange, du willst sie ja nicht pulverisieren. Pack die Raspeln in eine große Schüssel.
....
Jetzt kommt die Zwiebel – geht schnell, keine Sorge, einfach kurz schälen und würfeln.
Auch die Peperoni-Schoten würfelst du flott. Wirf die Würfel zu dem Kohl.
....
Nun kannst du dich ans Dressing machen. Dazu Öl, Essig und Wasser mit den Gewürzen verquirlen –
jetzt noch nach deinem Gusto abschmecken und im Zweifel noch etwas von den Zutaten dazugeben.
....
So, das Dressing kannst du jetzt über den Kohl verteilen.
Deck die Schüssel ordentlich ab und stell sie über Nacht in den Kühlschrank.
....
Am nächsten Tag kannst du deinen Krautsalat noch mal schön durchmischen und dann servieren.

Österreichischer Wurstsalat

Dauert:
30 Minuten
+1 Stunde Ruhezeit
Reicht für:
4 Portionen

½ Bund	Rettich oder Radieschen, in Scheiben
2	Tomaten, in feinen Scheiben
2	Zwiebeln, gewürfelt
5	Gewürzgurken, gewürfelt
450 g	Fleischwurst, vom Ring, in feinen Streifen
1 EL	Gurkensud
2 EL	Kräuteressig
50 ml	Öl
3 EL	Senf, mittelscharf
	Salz, nach Belieben
	Pfeffer, nach Belieben
	Petersilie, frisch, gehackt, optional

„Da kommt die Zenzi an und bringt den Enzian ..."
Ja, aber bevor es soweit ist, muss auch eine Grundlage her, sonst wird das nix mit der Gaudi.
Diesen Wurstsalat genieße ich immer im Skiurlaub. So lecker ...

So, als Erstes ran an den Radi oder die Radieserl: Putz sie, schneid das Grün ab und schneid sie in Scheiben. Dann nimmst du dir die Tomaten vor: Die wäschst du, viertelst sie und schneidest dann die Viertel noch mal in feine Scheiben, der Strunk in der Mitte kommt weg.

....

Dann die Zwiebeln schälen und würfeln. Hol danach die Gurken aus dem Glas und würfel sie genauso. Den Sud gießt du ab und verwahrst ihn.

....

Jetzt geht's um die Wurst: Mach die Pelle ab und schneid die Fleischwurst in feine Streifen.

....

Für das Dressing: In einem Schüsselchen verquirlst du 1 Esslöffel von dem verwahrten Gurkensud, Essig, Öl und Senf. Noch ganz nach deinem Gusto salzen und pfeffern und, wenn du magst, die Petersilie untermischen.

....

Bevor du reinhaust, sollte der Salat noch ein Stündchen durchziehen, so schmeckt er am besten. An Guadn!

Desserts

Gebrannte Mandeln

Dauert:
10 Minuten

Reicht für:
3 Portionen

200 g	Mandeln mit Haut
125 ml	Wasser
200 g	Zucker
3 Pck.	Vanillezucker
1 EL	Zimt

Hast du auch schöne Erinnerungen an den Weihnachtsmarkt?
Der eine oder andere wahrscheinlich nicht – glühweinpegelbedingt.
Aber wenn, dann gehören süße Leckereien wie gebrannte Mandeln auf jeden Fall zu den Highlights.

Du schnappst dir eine Pfanne, packst sie auf den Herd und lässt sie heiß werden.
Dann wirfst du die Mandeln mit Wasser, Zucker, Vanillezucker und Zimt in die Pfanne
und lässt alles aufkochen – immer schön weiterrühren dabei.
....
Jetzt stellst du die Hitze etwas runter. Schön weiterrühren,
bis das Wasser komplett verschwunden ist und die Masse bröselig wird.
....
Und du rührst weiter (na, tut der Arm schon weh? Ich schwöre, es lohnt sich!),
bis die Mandeln ganz mit Zuckersirup überzogen sind und glänzen.
....
Zum Schluss lässt du die gebrannten Mandeln noch auf Backpapier auskühlen. Fertig!

Guidos Tipps

In kleinen 80 Gramm-
Geschenktütchen verpackt,
mein beliebtestes Geschenk
in der Adventszeit.
ACHTUNG:
Suchtgefahr!!!

Funktioniert
auch prima mit
blanchierten
Mandeln!

Amarettini-Himbeer-Creme

Dauert:
15 Minuten + evtl.
30 Minuten Auftauzeit
Reicht für:
6 Portionen

200 g	Himbeeren, frisch oder tiefgekühlt
100 g	Amarettini, zerbröselt
400 g	Quark, Magerstufe
200 g	Mascarpone
2 EL	Zucker
1 Pck.	Vanillezucker
150 ml	Sahne
100 g	Schokolade, geraspelt
30 g	Haselnusskrokant

Utensilien: 1 Mixer, optional, 1 Handrührgerät

Was heißt Schnellkochtopf auf Italienisch? Garibaldi!
Mi scusi … kleiner Scherz … Bella Italia hat kulinarisch so viel zu bieten, das wissen wir alle.
Und in dieses Dessert könnte man sich glatt reinsetzen.

In primo luogo: Wasch die Himbeeren und lass sie abtropfen. Wenn du tiefgekühlte benutzt:
Pack sie 30 Minuten, bevor du mit dem Rezept loslegst, schon mal zum Antauen in eine Schüssel.
Auf jeden Fall parkst du die Himbeeren noch für einen Moment.

....

Nun schnappst du dir die Amarettini und zerbröselst sie. Optional packst du sie kurz in den Mixer,
bis du schöne, nicht zu kleine Stückchen hast. Aber Vorsicht, sie sollen nicht zu Pulver werden.

....

Jetzt wirfst du Quark und Mascarpone in eine Schüssel. Lass den Zucker
und den Vanillezucker drauffrieseln und vermisch alles gut. Nun wird's cremissimo:
Du schlägst die Sahne mit dem Handrührgerät auf und mischst sie anschließend unter die Quarkcreme.

....

Wirf die Amarettini-Brösel, die Schokoraspeln und den Krokant dazu und verrühr die Creme.

....

Zum Schluss kommen noch die frischen Früchtchen dazu: Rühr die Himbeeren kurz unter,
nur nicht zu lang, sonst werden sie matschig. Fürs Auge kannst du noch frische Himbeeren
auf die fertige Creme legen. Achtung: Tiefgekühlte Himbeeren musst du
unbedingt gut abtropfen lassen, bevor du sie unterrührst!

....

Eccola – unsere bellissima Creme ist fertig. Buon Appetito!

Apple Crumble

1 kg	Äpfel, rotbackig, geschält, in Spalten
60 ml	Zitronensaft
200 g	Weizenmehl, Type 405
150 g	Mandeln, gemahlen
200 g	Butter, weich
180 g	brauner Zucker
1 Pck.	Vanillezucker
	Zimt, nach Belieben

Utensilien: 1 Auflaufform

Dieses Dessert erinnert mich an unsere Sommerurlaube in North Devon im Südwesten Englands. Mein Spitzname war damals übrigens „GINGER".

Als Erstes heizt du den Ofen auf 180°C Umluft vor.
....
Dann schnappst du dir die Äpfel, schälst sie, viertelst sie, wirst den Strunk los und schneidest die Äpfel dann in feine Spalten.
....
Jetzt fettest du deine ofenfeste Form schön ein und schichtest die Apfelspalten darin ziegelartig. Den Zitronensaft verteilst du darüber, dann werden die Äpfel nicht braun.
....
Nun geht's an den Crumble: Dazu wirfst du Mehl, gemahlene Mandeln, Butter, braunen Zucker und Vanillezucker in eine Schüssel, gibst noch ganz nach Gusto Zimt dazu und verknetest alles, bis du einen krümeligen Teig hast. Zerzupf den Teig in Streusel und pack sie in die Form auf die Apfelspalten, so dass sie gut bedeckt sind.
....
Und schon geht's ab in den Ofen! Lass den Apple Crumble 30–35 Minuten backen, bis die Streusel goldbraun sind.

Guidos Tipp

Dazu noch eine Kugel Vanilleeis und du kriegst das Lächeln nicht mehr aus dem Gesicht!

Kaiserschmarrn

Dauert:
15 Minuten

Reicht für:
6 kaiserliche
Portionen

8	Eier, Größe M
250 g	Weizenmehl, Type 405
500 ml	Milch
60 g	Zucker
2 Prisen	Salz
100 g	Rosinen, optional
4 cl	Rum zum Einlegen, optional
50 g	Butter
50 g	Zucker zum Karamellisieren
	Puderzucker zum Bestäuben,
	oder Staubzucker, wie man in Österreich sagt

Guidos Tipp

Du kannst den Schmarrn auch im Backofen bei 180°C Umluft 15 Minuten ausbacken lassen. Dann rausholen, geviertelt in einer Pfanne auf den Herd packen und die Unterseite anbacken. Wer mag: Karamellisieren, wie im Rezept!

Kaiserschmarrn soll ja Kaiser Franz Josefs Leibgericht gewesen sein. Aber du brauchst weder Franz noch Sissi zu sein, um dich wie ein Kaiser zu fühlen. Wenn ich Sehnsucht nach den Bergen, Skifahren, Hütten oder einfach nur Tirol habe, dann gibt es bei mir Kaiserschmarrn.

Als Erstes trennst du die Eier. Pack die Eigelbe in eine Schüssel mit Mehl, Milch, Zucker und einer Prise Salz und verrühr alles munter.

....

Jetzt, bittschön, wirfst du die Eiweiße mit einer Prise Salz in eine andere Schüssel und schlägst sie steif. Den Eischnee hebst du behutsam unter den Teig. Vorsicht, nicht wild verquirlen, er soll ja schön fluffig und leicht bleiben.

....

Und nun zu einer Frage, die ja schon zu Scheidungen geführt haben soll: Mit oder ohne Rosinen? Wenn Rosinen, dann leg sie vorher in ein wenig Rum ein. Ich hoffe, ihr werdet euch einig. Bei einem einstimmigen Ja kannst du die Rosinen nun auch noch unterheben.

....

Jetzt in einer Pfanne die Butter zerlassen und den Schmarrnteig hineingießen. Lass den Kaiserschmarrn bei mittlerer Hitze und unter einem Pfannendeckel ausbacken, bis die Unterseite goldgelb ist. Zwischendurch aber immer mal schauen, dass er nicht anbrennt!

....

Zeit zum Wenden: Dazu viertelst du den Kaiserschmarrn gekonnt mit dem Pfannenwender, wendest ihn und lässt auch die andere Seite goldgelb anbacken. Wer mehr Action haben möchte, den Schmarrn hochwerfen, in der Luft drehen lassen und wieder auffangen. Das war Schmarrn ...

....

Ein besonders feiner Wiener Schmäh: Streu den Zucker über den Kaiserschmarrn und wende ihn noch mal, so dass der Zucker karamellisiert. Dann ein letztes Mal wenden und dasselbe mit der anderen Seite wiederholen.

....

So, wenn du ihn jetzt noch zerzupfst, kannst du den Kaiserschmarrn auch schon auf Tellern servieren. Zum Schluss noch mit Puderzucker bestäuben. Dazu passt hervorragend Apfelmus.

Tiramisù

2	Eigelb, Größe M
150 g	Zucker
4 EL	Amaretto
500 g	Mascarpone
200 ml	Sahne
200 g	Löffelbiskuits
250 ml	Espresso
	Backkakao zum Bestäuben

Guidos Tipps

Für einen Extra-Kick: 1 Schuss Cognac oder Rum in den Espresso geben.

Wer sein Tiramisù etwas saftiger haben möchte, tunkt die Löffelbiskuits von beiden Seiten in den Espresso und bekommt so ein kräftigeres Aroma.

Utensilien: 1 Handrührgerät, 1 Auflaufform

„Amaretto ist ein geiles Zeug – ich bin schon lull und lall."
Und was die Gruppe Spliff schon in „Carbonara" wusste, stimmt wirklich.
Deshalb kriegt unser Tiramisù auch einen Extra-Amaretto-Kick!

Ran an die Schüsseln! Wirf die Eigelbe mit dem Zucker rein, gieß den Amaretto dazu und verquirl alles, bis du eine schaumige Creme bekommst. Achtung: Auf knirschenden Zucker will keiner beißen, also schön rühren, bis der Zucker ganz aufgelöst ist.

....

Jetzt packst du den Mascarpone dazu und rührst ihn unter. Die Sahne? Schlägst du steif und ziehst sie unter die Creme. Mmmmh!

....

Nun kommt der Wachmacher: Schnapp dir die Löffelbiskuits und tauch sie von einer Seite in den Espresso – schön stark sollte er sein, dann bleiben wir fürs Dolce Vita länger wach.

....

Jetzt mit 100 g der Löffelbiskuits die Auflaufform auslegen und die erste Hälfte der Creme draufstreichen. Darauf mauerst du die restlichen Löffelbiskuits und spachtelst den Rest der Creme darüber.

....

Vor dem Servieren sollte das Tiramisù eine Ruhepause im Kühlschrank haben, mindestens 2 Stunden, am besten sogar über Nacht, dann schmeckt es so richtig zum Reinsetzen.

....

Bevor du deinen bellissimo Nachtisch aufträgst, siebst du noch den Kakao darüber.
Molto bene!

Herzhaftes & süßes Gebäck

Original-Cantz-Marmorkuchen

Dauert:
85 Minuten

Reicht für:
1 Kuchen

1 EL	Semmelbrösel für die Form
250 g	Butter, weich
250 g	Zucker
1 Pck.	Vanillezucker
1 Msp.	Salz
4	Eier, Größe M
500 g	Weizenmehl, Type 405
1 Pck.	Backpulver

125 ml	Milch
30 g	Backkakao
	Puderzucker zum Bestäuben

Utensilien: 1 Handrührgerät,
1 Gugelhupfform

**Leute, ihr werdet jetzt Mitwisser bei einem Top Secret-mäßigen Familienrezept!
Ich leake es aber trotzdem, denn dieser Kuchen ist zu lecker, um ihn für sich zu behalten.
Ein Familiengeburtstag ohne unseren Marmorkuchen ist nicht denkbar …**

Als Erstes machst du die Form parat: Schön einfetten und mit den Semmelbröseln ausstreuen.
Den Ofen kannst du auch schon mal auf 180°C Umluft vorheizen.

....

Und ran an den Teig! Dafür packst du die Butter mit dem Zucker, dem Vanillezucker
und dem Salz in eine Schüssel und rührst alles mit dem Handrührgerät schaumig.

....

Nun jonglierst du eine Runde mit den Eiern und sorgst dafür, dass sie alle, eins nach dem anderen,
heil in der Schüssel landen. Immer schön unterrühren.

....

Jetzt vermischst du Mehl und Backpulver und siebst sie. Und damit es beim Unterrühren nicht zu sehr staubt,
gibst du dabei zwischendurch löffelweise die Milch dazu, bis der Teig schön dickflüssig ist.
Mach den Löffeltest: Wenn sich der Teig nur schwer vom Löffel losreißen kann, ist genug Milch drin.

....

Zeit, den Teig in die Form zu packen! Zwei Drittel dürfen schon mal rein,
der Rest muss noch in der Schüssel warten.

....

In den Warteteig rührst du den Kakao. Und dann darf der dunkle Kakaoteig auf den hellen in der Form.
Schnapp dir eine Gabel und zieh sie spiralförmig durch den Teig.

....

Ab in den Ofen! Lass den Marmorkuchen 75 Minuten backen. Dann bestimmst du per Stäbchentest,
ob in der Form auch nichts mehr klätschig ist. Alles schön fest? Dann ab aufs Kuchenrost und abkühlen.

....

Vor dem Anschneiden bestreust du den Marmorkuchen noch mit Puderzucker.
Mmmh! Dieser Kuchen ist es echt wert, Familiengeheimnisse zu verraten.

Waffeln à la Guido –
Cantz schön bewaffelt!

Dauert:
5 Minuten
+ Backzeit der Waffeln

Reicht für:
12 Waffeln

125 g	Butter, weich
50 g	Zucker
1 Pck.	Vanillezucker
3	Eier, Größe M
250 g	Weizenmehl, Type 405
2 gestr. TL	Backpulver
125 ml	Milch
125 ml	Mineralwasser , sprudelnd
	Öl zum Bepinseln

Utensilien: 1 Waffeleisen, 1 Backpinsel

Ich habe schon oft gehört: „Du hast doch einen an der Waffel!"
Kann sein, aber für Waffeln ist man nie zu alt. Ein Satz passt sowohl beim Golfen als auch in der Küche:
Schnapp dir das Eisen und los geht's.

Als Erstes schnappst du dir die weiche Butter und wirfst sie in eine Schüssel.
Lass den Zucker und den Vanillezucker draufrieseln, pack die Eier dazu und rühr alles schön schaumig.
....
Weiter geht's: Misch das Mehl und das Backpulver und rühr beides unter.
Und damit es nicht so wüstentrocken bleibt, gießt du nach und nach Milch
und Sprudelwasser auf den Teig und mixt sie unter.
....
Und ran an's Waffeleisen: Lass es vorheizen und bepinsel es mit ein bisschen Öl,
so bleiben die Waffeln gleich nicht kleben. Bereit zum Entern? Dann: Geronimo!
Gib eine Kelle Teig auf das heiße Eisen und back ihn so lange, bis du eine fluffige, goldbraune Waffel hast.
Hol sie raus, park sie zum Abkühlen und mach mit dem restlichen Teig genauso weiter, bis er alle ist.

Guidos Tipps

Zu meiner Waffel dürfen
Vanilleeis, Schlagsahne und
heiße Kirschen nicht fehlen!
Mach ruhig ein paar mehr –
kalte Waffeln am nächsten
Morgen zum Frühstück
sind der Knaller!

Trennspray
funktioniert bestens
beim Waffelbacken –
für Scheidungen
nicht zu
empfehlen.

Kirschstreuselkuchen

Für den Teig:

220 g	Weizenmehl, Type 405
1 gestr. TL	Backpulver
120 g	brauner Zucker
100 g	Butter
1	Ei, Größe M

Für die Streusel:

100 g	Weizenmehl, Type 405
100 g	Haselnüsse, gemahlen
100 g	Butter
80 g	brauner Zucker

Für die Kirschen:

2 Gläser	Kirschen à 720 g, entsteint
1 Pck.	Vanillepuddingpulver
20 g	Zucker

Utensilien:	1 Springform 26 cm Ø, Frischhaltefolie

Dauert: 65 Minuten
Reicht für: 1 Kuchen

Wer für diesen Kuchen Kirschen in Nachbars Garten klaut, ist entschuldigt, so gut ist der ...

Zuerst heizt du den Ofen auf 180°C Ober-/Unterhitze vor und fettest deine Springform schon mal mit Butter ein.

....

Dann siebst du das Mehl in eine Schüssel, du willst ja einen feinen Teig. Drück eine Mulde rein und füll sie mit den restlichen Teigzutaten. Jetzt ordentlich die Hände waschen – ja, du auch, ich merke das, wenn du dich drückst! – und alles ordentlich durchkneten.

....

Jetzt den Teig zwischen Frischhaltefolie ausrollen und damit die Form auslegen. Mach außen einen Rand, so ca. 2 Daumen hoch.

....

Für die Streusel – immer das Beste am Kuchen! – wirfst du alle Streuselzutaten in eine Schüssel, dann darfst du wieder kneten. Sie sollen zusammenpappen, aber schön krümelig sein. Dann parkst du die Streusel noch mal kurz.

....

Und nun verdienen wir uns das „Kirsch" in unserem Kirschstreuselkuchen. Gieß dazu die Kirschen aus den Gläsern in ein Sieb, fang aber 250 ml vom Kirschsaft auf. Keine Angst, die ZWEI Gläser Kirschen machen den Kuchen extrem saftig!

....

Das Puddingpulver verquirlst du mit dem Zucker und 100 ml von dem Kirschsaft. Kommt dir bekannt vor? Ja, genau, wir machen auch genauso weiter wie beim Puddingkochen, nur ohne die Milch: Dafür kochst du kurz den übrigen Saft auf. Wirf den angerührten Pudding rein und erhitz alles noch mal, bis es blubbert.

....

Zieh den Kirsch-Vanille-Pudding vom Herd und kipp die Kirschen dazu. Rühr sie unter. Dann kannst du die Mischung in die Backform kippen, in der ja schon der Teig wartet. Nun nur noch die Streusel drüberrieseln lassen, bis alles bedeckt ist.

....

Und ab geht's in den Ofen! Nach 55 Minuten sollte dein Kuchen fertig und die Streusel lecker goldbraun sein. Allein der Geruch ist schon Weltklasse!

Kalter Hund

Dauert:
20 Minuten + 6–12
Stunden Ruhezeit
Reicht für:
1 Kuchen

200 g	Zartbitterschokolade, in Stücken
200 g	Kuvertüre (Vollmilch), in Stücken
250 g	Kokosfett
2	Eier, Größe M
80 g	Puderzucker
20 g	Backkakao
50 ml	Milch
200 g	Butterkekse
	Backkakao zum Bestäuben

Utensilien: 1 Handrührgerät, 1 Kastenform, Frischhaltefolie

Guidos Tipps

Meine Freundin Maria hat mir zum 50. Geburtstag einen Kalten Griechischen Hund gemacht. Nicht mit Tzatziki, nein, mit griechischen Keksen. Wuff … noch leckerer! Sie hören auf den Namen: Papadopoulou.

Solltet ihr was übrig haben – was mich sehr wundern würde – dann ruft ihr entweder mich an … oder ihr friert den Hund in Frischhaltefolie ein.

Das Gegenstück zum „Hot Dog" war für mich immer das Highlight auf jedem Kindergeburtstag! Wer erinnert sich sonst noch daran? Der „Kalte Hund" oder auch die „Kalte Hundeschnauze" ist auf jeden Fall einer meiner Lieblingskuchen und ein Geheimtipp für Schokoholics.

Für unseren Kalten Hund machst du als Erstes in einem größeren Topf Wasser heiß. Da hinein muss gleich ein kleinerer Topf oder eine Metallschüssel passen.

....

Jetzt die Schokolade und die Kuvertüre in Stücke brechen, mit dem Kokosfett in den kleineren Topf packen und alles im Wasserbad schmelzen lassen. Vergiss über den Schokoduft nicht, immer mal umzurühren.

....

Während die Schokolade schmilzt, wirfst du die Eier mit dem Puderzucker, dem Backkakao und der Milch in eine Schüssel und verquirlst alles.

....

Die Schokolade ist geschmolzen? Prima, dann kannst du sie jetzt in die Creme rühren und das Ganze noch eine Runde ins Wasserbad stellen, damit's schön cremig bleibt.

....

In der Zwischenzeit legst du schon mal deine Kastenform mit Frischhaltefolie aus. Auf den Boden kommt nun eine erste Schicht Schokocreme, darauf eine Lage Butterkekse. Ja, du darfst von der Creme naschen – ist wie beim Schokobrunnen im Schokoladenmuseum.

....

Beim Mauern wechseln sich Ziegelsteine und Mörtel ab. Genauso arbeitest du dich jetzt vor: die nächste Schicht Schokocreme, dann wieder eine Schicht Kekse, und so weiter, bis alle Zutaten in der Form gelandet sind. Obenauf sollten Kekse sein.

....

Damit dein Meisterwerk schön fest wird, packst du es jetzt für mindestens 6 Stunden, am besten über Nacht, in den Kühlschrank.

....

Kurz bevor du und deine Gäste euch auf den Kuchen stürzt, stürzt du den Kuchen, und zwar auf eine Servierplatte. Nur noch eben eine feine Schicht Kakao darüberrieseln lassen, dann kann das Schlemmen losgehen.

Käsekuchen

Dauert:
90 Minuten
Reicht für:
1 Kuchen

Für den Teig:

100 g	Butter
80 g	Zucker
1 Pck.	Vanillezucker
1 Prise	Salz
1	Ei, Größe M
200 g	Weizenmehl, Type 405
½ Pck.	Backpulver

Für die Käse-Füllung:

6	Eier, Größe M
1 kg	Quark, Magerstufe
250 g	Butter
300 g	Zucker
1 Prise	Salz
1 Pck.	Vanillezucker
2 EL	Zitronensaft
1 Pck.	Vanillepuddingpulver

Utensilien: 1 Handrührgerät,
1 Springform 26 cm Ø

**„Aber bitte mit Sahne!" –
ne, unser Käsekuchen kommt ohne Sahne aus, ist aber megalecker.**

Zuerst mal heizt du den Ofen auf 180°C Ober-/Unterhitze vor,
denn es soll ja gleich alles startklar sein.

···

In einer Schüssel verrührst du dann mit den Knethaken des Handrührgeräts
kurz Butter, Zucker, Vanillezucker und Salz. Dann wirfst du das Ei dazu und rührst fröhlich weiter,
bis du eine cremige Masse hast.

···

Darauf siebst du jetzt nach und nach das Mehl mit dem Backpulver und verknetest das Ganze,
bis du einen schönen Knetteig hast.

···

Schnapp dir deine Springform – aber VORSICHT, dass sie nicht wegspringt – und fette sie ordentlich ein.
Jetzt darfst du selbst Hand anlegen: Mit dem Teig legst du den Boden der Form aus und formst damit
außerdem einen Rand ringsherum, etwa 3 cm hoch – die Käsefüllung braucht ja etwas, das sie hält.

···

Und für diese Füllung trennst du jetzt als Erstes die Eier. Die Eiweiße werden erstmal geparkt,
die Eigelbe packst du mit allen restlichen Füllungszutaten in eine Schüssel und verrührst sie,
bis du eine schöne Creme hast. Lädt zum Reinsetzen ein, was?

···

Und damit die Füllung noch wolkenfluffiger wird, jetzt noch in einer zweiten Schüssel
das Eiweiß steif schlagen und unter die Creme heben.

···

Gieß die leckere Füllung nun auf den Teigboden,
pack den Kuchen in den Ofen und back ihn für 75 Minuten.

Lavatörtchen

Dauert:
35 Minuten
+ 12 h Ruhezeit
Reicht für:
4 Portionen

120 g	Butter
75 g	Zucker
4	Eier, Größe M
70 g	Mehl
30 g	Mandeln, gemahlen
½ TL	Zimt, optional
100 g	Kuvertüre, zartbitter

Guidos Tipps

Wer's besonders feurig mag, kann eine Prise Chili mit einrühren. Schmeckt auch toll mit einer Kugel Vanilleeis dabei.

Du kannst als Extra-Überraschung vor dem Einfrieren auch noch eine Schokopraline in die Mitte des Küchleins drücken. Mehr Schoko geht nicht!

Utensilien: 4 ofenfeste Förmchen, 1 Handrührgerät

Schokolade geht ja wirklich fast immer. Und ein flüssiger Schokoladenkern? Haben wir zwar alle schon mal gegessen, aber für mich das ultimative Weihnachtsdessert!

Für die Lavatörtchen schon mal vier ofenfeste Förmchen einfetten.
....
Jetzt schnappst du dir für den Törtchenteig Butter und Zucker und verquirlst beides mit dem Rührgerät in einer Schüssel, bis du eine schaumige Creme hast.
....
Trenn als Nächstes zwei der Eier, das Eiweiß kannst du anderweitig nutzen. Die beiden Eigelbe wirfst du in die zuckrige Buttercreme und rührst sie unter, dann machst du das Gleiche mit den beiden kompletten Eiern.
....
Nun brauchen unsere Törtchen aber noch mehr Substanz, und deshalb siebst du jetzt das Mehl auf den Teig und rührst es mit den gemahlenen Mandeln und, falls du magst, dem Zimt unter.
....
Und nun endlich an die Lava! Schnapp dir einen Topf und lass die Kuvertüre über einem Wasserbad schmelzen. Wenn sie schön flüssig ist, rührst du sie in den Teig.
....
Und jetzt trifft Heiß auf Eis: Den Teig auf die ofenfesten Formen verteilen und sofort ins Eisfach stellen. Nein, nicht vorher abkühlen lassen, direkt in den Eisschrank! Sie müssen richtig schön einfrieren, am besten über Nacht.
....
So, am nächsten Tag kannst du den Ofen auf 180°C Ober-/Unterhitze vorheizen, denn klar, für Lava brauchen wir es heiß! Pack die gefrorenen Törtchen in den Ofen und lass sie 15 Minuten backen. Achtung: Die Backzeit variiert je nach Dicke der Förmchen, daher kann es auch ein bisschen länger dauern. Oben auf den Törtchen sollte eine schöne Kruste entstanden sein, daran merkst du, dass sie fertig sind.
....
Und weil wir sie ja heiß genießen wollen, kommen die Lavatörtchen auch sofort auf den Tisch. Beim Anschneiden kannst du dann den Blick auf den Schoko-Lavastrom genießen.

Tomatenbrot à la Cantz

500 g	Weizenmehl, Type 550
1 Pck.	Trockenhefe
500 g	Tomaten, passiert
2 EL	Olivenöl
2 TL	Thymian, getrocknet
1 TL	Salz
150 g	schwarze Oliven, ohne Stein, im Ganzen
	Salzwasser zum Bestreichen

**Du gehst zu einer Grillparty und sollst was mitbringen?
Dann hab ich hier das ultimative Rezept für dich,
neben dem Nudel- oder Kartoffelsalat vor Neid erblassen.**

Zuerst wirfst du das Mehl und die Hefe in eine Schüssel und vermischst sie.
Dann packst du die passierten Tomaten, Olivenöl, Thymian und Salz dazu und verrührst alles lässig.
Sobald du einen schönen Teig bekommen hast, deckst du ihn ab
und lässt ihn an einem warmen Ort 30 Minuten munter gehen.

....

Die Zeit kannst du nutzen, um den Backofen auf 200°C Umluft vorzuheizen
und das Backblech zu fetten oder mit Backpapier zu belegen.

....

Den gegangenen Teig auf einer gut bemehlten Arbeitsplatte noch mal ordentlich durchkneten.
Schnapp dir dann die Oliven und knete sie unter den Teig.

....

Mehl deine Hände und die Arbeitsfläche nochmal ein, dann formst du fix einen Brotlaib
und legst ihn auf das Backblech. Mit Salzwasser bepinseln,
dann ab in den Ofen und 45 Minuten backen lassen!

....

Wetten, du wirst nie wieder was anderes mitbringen müssen ...

Ma-Fri-Brö's
(Marlies-Frische-Brötchen)

Dauert:
15 Minuten
Reicht für:
4 Portionen

8–10 Scheiben	gekochter Schinken, in Stückchen
2 dicke Bünde	Petersilie, gehackt
4	Brötchen, halbiert, ausgehöhlt
8 Päckchen	Sahnestreichkäse (à 62,5 g per Ecke)
80 g	Remoulade

**Die nächste absolute Kindheitserinnerung für mich, die Ma-Fri-Brö's!
Marlies Frische war wie eine dritte Oma für meinen Bruder und mich.
Sie hat uns dieses Rezept und ihr Lebensmotto hinterlassen:
„LICH un LUF – gib SAF un KRAF – Punk." Frau Frische lebt in beidem weiter ...**

Heiz den Backofen auf 180°C Umluft vor.
Schneid den Schinken in Stückchen, wasch die Petersilie und hack sie klein.
Halbier die Brötchen und höhl sie aus.
....
Gib dann Schinken und Petersilie in eine Schüssel mit Streichkäse und Remoulade.
Verrühr alles und streich die leckere Mischung in die ausgehöhlten Brötchen.
....
Jetzt schnappst du dir eine Backform oder ein tiefes Backblech,
packst die Brötchen drauf und backst sie 5–10 Minuten, bis sie hellbraun sind – fertig!

Blitz-Speckwähe

Dauert:
35 Minuten
Reicht für:
3–4 Portionen

1 Paket	Blätterteig aus dem Kühlregal
200 g	Magerspeck, geräuchert
2	Zwiebeln, gewürfelt
2	Knoblauchzehen, fein gehackt
1 EL	Öl
200 g	Gouda, mittelalt, gerieben
2	Eier, Größe M
200 g	saure Sahne
	Salz, nach Belieben
	Pfeffer, nach Belieben
	Paprikapulver, nach Belieben

Utensilien: 1 runde Backform 26 cm Ø

**Schnell, herzhaft, rustikal: Wenn der große Hunger kommt,
ist dieser Leckerbissen aus dem Ofen blitzschnell fertig.**

Als Erstes heizt du den Ofen schon mal auf 220°C Ober-/Unterhitze vor.
Roll dann den Blätterteig aus, schnapp dir die Backform und leg sie damit aus.
....
Jetzt schnibbelst du den Speck in Stücke, schälst und würfelst die Zwiebeln und hackst den Knoblauch.
Dann wird gebrutzelt: Gieß das Öl in eine Pfanne und erhitz es.
Nun wirfst du die Speckstückchen, die Zwiebelwürfel und den fein gehackten Knoblauch rein
und brätst sie, bis sie glasig sind.
....
Weiter geht's: Auf den Blätterteig streust du Speck, Zwiebeln und Knoblauch. Schön verteilen!
Nun noch den Reibekäse drüberrieseln lassen.
....
In einem Schüsselchen verquirlst du die Eier mit der sauren Sahne und den Gewürzen
und verteilst die Mischung über den Blätterteig.
....
Ab in den Ofen mit der Form! Lass die Speckwähe 25 Minuten backen – FERTIG!

Pizzaschnecken

Dauert:
40 Minuten
+1 h Ruhezeit
Reicht für:
8–10 Portionen

Für den Teig:

400 g	Weizenmehl, Type 405
200 ml	Wasser
4 EL	Olivenöl
1 Pck.	Trockenhefe
1 TL	Zucker
1 TL	Salz

Für die Sauce:

200 ml	Tomaten, passiert
	Italienische Kräuter, nach Belieben
	Salz, nach Belieben
	Pfeffer, nach Belieben
	Chilipulver, nach Belieben
	Paprikapulver, nach Belieben

Für den Belag:

2	Tomaten, gewürfelt
1	Zwiebel, gewürfelt
1	Knoblauchzehe, fein gehackt
150 g	Salami oder Schinken, in Stückchen
1	Paprika, gewürfelt
	Salz, nach Belieben
	Pfeffer, nach Belieben
	Oregano, nach Belieben
200 g	Reibekäse oder geriebener Mozzarella
2 EL	Olivenöl zum Beträufeln

Oh là, là, willst du eine Pizza? Was, du brauchst was Kleineres? Und partytauglich? Dann hab ich was für dich, ganz nach dem Motto „Bene Mozzarella un Tomata bella", wie schon die Höhner in ihrem Hit sangen.

Als Erstes mischst du pronto Mehl, Wasser, Olivenöl, Hefe, Zucker und Salz in einer Schüssel und verknetest alles gut. Falls der Teig noch zu feucht ist, knetest du noch etwas mehr Mehl unter. Lass deinen Pizzateig 1 Stunde gehen.

Pack in der Zwischenzeit einen kleinen Topf auf den Herd, erhitz darin das Tomatenpüree und würz es ganz nach deinem Geschmack mit den Kräutern, Salz, Pfeffer, Chili- und Paprikapulver. Lass die Sauce ein bisschen abkühlen.

Jetzt schwingst du die Backrolle und rollst den Teig schön aus. Darauf gießt du die Sauce und verteilst sie über den ganzen Teig, nur außenrum lässt du einen Rand, etwa 1 cm breit, es soll ja nichts überlaufen. Nur so viel nehmen, dass der Teig gut bedeckt ist, zu nass sollte er nicht werden.

Nun kannst du dich kreativ austoben: Verteil Tomatenwürfel, Zwiebelstücke, Knoblauch, Salami- oder Schinkenstückchen und Paprikawürfel über die Sauce, dann würzt du alles nach deinem Geschmack mit Salz, Pfeffer und Oregano.

Zum Schluss streust du noch 150 g vom Reibekäse oder von dem geriebenen Mozzarella über die Pizza.

Jetzt machen wir die Pizza zur Schnecke: Greif dir die untere Teigkante und roll die Pizza auf, dann drückst du den Teig als Verschluss gut zusammen. Die Teigrolle schneidest du in 8–10 einzelne Schnecken.

Zum Schluss packst du die Pizzaschnecken auf ein mit Backpapier ausgelegtes Backblech. Darüber verteilst du noch den restlichen Reibekäse oder Mozzarella und das Öl. Und ab in den Ofen für 25 Minuten.

Hol deine Pizzaschnecken raus und lass sie ein bisschen abkühlen.
Dann kann das Dolce Vita auf deiner Party beginnen!

Rezeptregister

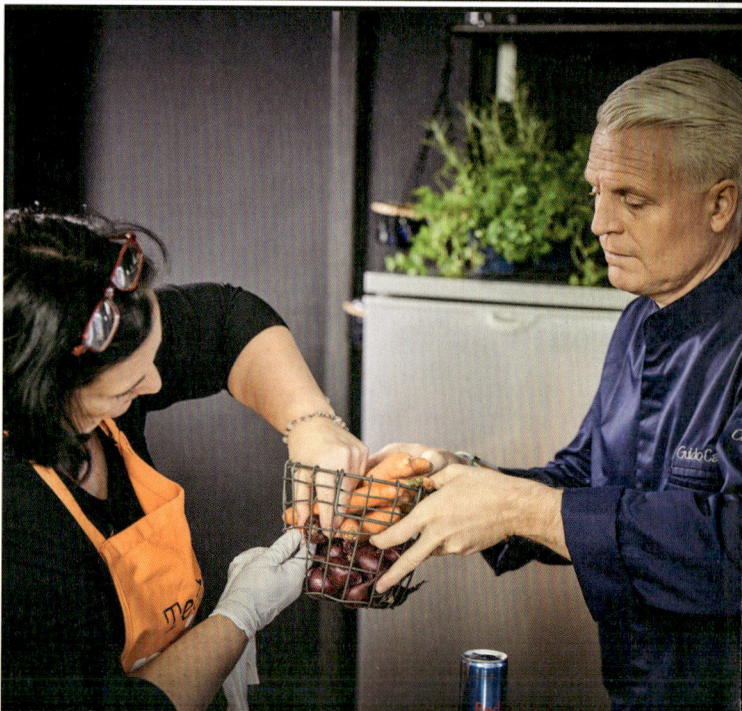